AF411103

EL FOSO DEL LOBO

FERNANDO GÓMEZ

*A Rosa Gómez e Iria Romero,
por sus labores de edición.*

Primera parte

La semana anterior al día de su vuelta al trabajo, varios proyectos y propósitos corrían desordenadamente por la mente de Sabi, rumbo a su realización o a su olvido. Tal olvido, y eso siempre ocurría, sería pasajero, pues aun cuando estos propósitos eran a corto plazo, quedarían de alguna forma en su memoria, llamando a ser retomados. Los había, también, recurrentes a lo largo de unas decenas de años, como el de comprarse una guía de flora y fauna para recorrer y conocer su entorno, o el de aprender a tocar un instrumento, deseo finalmente emprendido a los treinta años. Entonces, ya veía cerca los 33, 34 y hasta los 35, y todos esos años le parecían buenas cifras. Hoy, igualmente le parecen dignos de optimismo el 37, 38, 39…, y ello a pesar de una real percepción de llevar una vida enclaustrada.

Siendo sábado, y después de darle unas cuantas vueltas a uno de sus propósitos, caminó hasta Cabral, donde solía encontrarse con algún amigo. Cuando llegó al café, el saludo de Chelís, sentado en la terraza, hizo posible su reconocimiento. Vio a alguien levantando la palma de la mano y asintiendo levemente, bosquejando una sonrisa de bienvenida. Se sentó a su lado, sin darse cuenta de la presencia de otra persona, la cual le saludó amigablemente. Era algo nuevo ver a esa persona sentada, cuando siempre se la veía andando apresurada por la calle. Su apariencia era característica del lugar, o, más bien, conocía a varios con una fisonomía similar: baja estatura, delgado y fibroso, pelo desordenado, y un rostro enjuto y barbado por parroquias. Una vez sentado, hablaba apaciblemente, pero dejaba vislumbrar un carácter fuerte, una forma de ser proclive a la amistad leal, necesaria para la supervivencia de aquellos con pocos recursos económicos.

Hablaba de la generosidad del busto de la empleada de una tienda del barrio, a la cual visitaba diariamente. Recordaba a esa mujer desde su niñez, cuando era una niña larguirucha y delgada, nada que ver con su exuberancia de adulta.

Sabi se sentía un ingenuo al oír hablar a Mosqui.

Es algo cotidiano el relacionarse con personas de diferentes edades, donde a veces el salto es grande. Lo difícil es observar el grado de afinidad y buena comunicación entre estas personas. Alguien muy centrado en sí mismo no apreciará las capacidades y complicidades entre la gente que le rodea, y algo así le ocurrió a Sabi con Moscoso, el amigo de Chelís. En primer lugar, pensó, su apariencia desaliñada no significaba que fuera ajeno al atractivo femenino, ni tampoco que no fuera capaz de ensoñar con alguien. Es de perogrullo. Tanto pensar para llegar a conclusiones tan obvias.

—En aquellos tiempos, tenía un mono que me subía por las paredes. Llegué a la casa del Santi Carolo, y vi, sobre la mesa, una recortada, un cuchillo, y le dije: «Eh, Carolo, no quiero movidas, a mí dame lo mío, pero nada de historias» —contaba Moscoso—.

Repitió la descripción de la escena por lo menos tres veces, apuntó mentalmente Sabi. Quizás de ese día, de hace tantos años, derivó alguna acción de la cual aún no ha podido evadirse.

Siguió monologando acerca de su estancia en distintas prisiones, de sus compañeros, de historias cruentas ocurridas en Vigo cuyos autores ya criaban malvas. Era, con todas las secuelas, un superviviente, con la peculiaridad de una inteligencia bien dispuesta para preguntarse por lo que vivió en su pasado, y ajustarse, no sin dificultades, a los nuevos tiempos.

Al poco, se sentó un chico de unos 25 años a nuestro lado.

—¿Qué tal chaval? ¡vaya cuerpo echaste!

—Buenas, aquí…

—Dale saludos a tu padre, campeón.

—Ahí lo tienes, pasando con el coche.

Ipso facto, se levantó, se hizo visible al padre del chico levantando y moviendo la mano de un lado a otro, se despidió y se montó con entusiasmo en el coche. Pareciera haber encontrado un oasis en el desierto.

Chelís era poeta. Llevaba una cartera negra de cuero con algunos libros y quizá algún apunte.

Era un *dandy* con estilo propio, vestía unos pantalones negros de trabajo, unas botas negras y una acumulación de ropa de cintura para arriba: camiseta, chaqueta, cazadora, vestuario que le daba una forma característica de moverse, con los brazos bien separados del cuerpo. Moreno, con varios pendientes, cubría su cabeza con un gorro negro. Su estética y sus modos habían influido en su entorno creando una cierta tendencia. Sabi, en un tiempo, llegó al igual que él a comprarse un *pucho*, pero una vez comprobada su incomodidad, decidió regalárselo.

Estando los tres una vez en su casa familiar, Ana, su madre, recordaba un pequeño tic de Chelís en su adolescencia, copiado de un compañero de la niñez.

Y Chelís estaba de acuerdo, pues aquel había sido un buen amigo, y rememoraba el día alucinante en que éste le había enseñado la biblioteca familiar.

Chelís había tenido, por lo tanto, un buen maestro en proselitismo cultural.

Sabi observaba su cartera negra.

—Vengo temprano, y releo alguna cosa que

tengo escrita, cuando estoy solo —dijo Chelís, siguiendo la mirada de Sabi—.

—Lo cual no es muy habitual, siempre aparece alguien por ahí.

—Bueno, mejor. Como sabes, lo mío con las letras es nocturno, y por las mañanas mis nuevos animalitos salen a ver mundo conmigo.

—Los habrá rebeldes, no sé cómo aguantan ahí dentro de esa cartera.

—Son rebeldes, a veces odiosos, en ocasiones me provocan ternura, y también repulsión y ganas de hacer un barquito de papel con ellos y dejarlos seguir la corriente del Lagares.

—Si es así, estaré atento por la Coutada Nova, a ver si rescato algún náufrago.

—Si se dejan…Hay sueños imposibles de retener, son de naturaleza huidiza. O, mejor dicho, fueron sueños, luego realidades, después, son dedos acariciando un fósil. Ayer escribí algo en esa línea. Había ido a ver una obra de teatro. La actriz, saliendo hacia el público, se llegó hacia donde yo estaba, sentí los dedos de su mano acariciando el pelo que aún cubre mi cabeza.

—¿No llevabas el gorro puesto?

—No. Estaba inerme. Y la actriz me preguntó: «¿En qué piensas?». «En nada», respondí. Contestar otra cosa hubiera supuesto hablar de Ana y de mí entre sus piernas mientras jugaba con mi pelo, de Leticia y su expresión de deseo descubriendo mis entradas: hablar de sensaciones y personas del pasado.

—Ahora, esta actriz se ha colado en tu intimidad.

—Momentáneamente. ¿Por cuánto tiempo? Siempre es grato sentir algo así, al margen de sus consecuencias.

—Perfecto, esta noche será tu noche, lo presiento.

—Ya veremos…

Amigos dados a la confidencia, Sabi nunca había relatado a Chelís lo observado en aquella noche de hará una veintena de años. Estaban en el bar de la Fuenteoscura, donde acostumbraban a quedar. Aquel día, situados en una esquina de la barra, el único lugar libre, tan solo quedaba un estrecho pasillo para el paso de otras personas. Normalmente, la gente pasaba sin ningún problema, poniéndose de lado mientras ambos amigos se estrechaban contra la barra del bar. Aquel día estaba allí también una pareja, digamos coincidentes del mismo ambiente, pero dentro de otro círculo de personas. Cuando él pasó a nuestro lado, lo hizo perfectamente. Cuando lo hizo ella, a pesar de los esfuerzos de Chelís por hacerse a un lado, hubo contacto físico entre ambos, y Chelís, a la par de enrojecer, balbuceó una disculpa correspondida por la chica con una sonrisa amistosa, hecho observado por su amigo.

Lo acontecido en el resto de la noche, al salir de marcha, fue como una explosión, pasando Chelís a ser una persona expansiva y sonriente. Así, sus intentos de acercamiento con una amiga de ambos, quizás fueron un tanto sorpresivos para ella, pero, como el tiempo corroboró unas semanas después, de aquel lance ella había tomado nota, y se lo demostró poco después.

Berán, versión orensana
del balneario suizo

Al día siguiente, después de repasar las informaciones de una aplicación para ligar, Sabi estaba tumbado en la cama, sin ganas de ir a la playa ni de leer. El libro que durante la semana había deseado, no era opción apetecible en estos momentos, las tareas pendientes del hogar no le inquietaban. Realizar algo era activarse, pero su cabeza no se lo pedía. En cuanto a la página de buscar pareja, estaba saturado de ver tantas mujeres y de ser visto sin ninguna trascendencia. Esta opción de miradas fotográficas era fría respecto aquellas otras donde están presentes ambas personas. Una persona te ve y desestima tu perfil, pero ni siquiera la frustración por no ser *elegido* es tal, pues muchas veces es gratuita. Es imposible observar en la vida real cien personas tal y como ocurre a golpe de clic, a cinco segundos cada una. Supondrían 500 segundos abrumadoramente indiscretos, taquicárdicos y ansiosos.

Salió, sin ducharse, desaliñado, hacia Cabral. Sorprendentemente, hoy era uno de esos días. Esa forma en que la gente te mira, con o sin disimulo. Años atrás, en un bar, con la espalda arqueada y la cabeza baja, deprimido, agobiado, convaleciente de una discusión reciente, entró un amigo: Castro de la Armandina, el de la consabida relación paternofilial, o maestro-discípulo:

—Sabi, hoy tu expresión es de lo más atractiva, dijo enfatizando; si yo fuera homosexual, estaría en tus manos.

En el recuerdo de Sabi está también otra conversación con la misma persona, le comentaba la extrañeza de no verse tan mal frente al espejo después de la mala baba de un día y de haber sido injustamente insultado, humillado.

Y de nuevo, en el café, estaban los dos personajes del día anterior.

—Nos vamos con Bene a Berán, cerca de Ribadavia, a darnos un baño de aguas medicinales. Llegas a tiempo.

—Genial, me apunto.

Ya en la piscina, Chelís se conformaba con sentarse en el borde, con el agua hasta las rodillas, mientras Sabi, Bene y Moscoso se metían dentro de la piscina, con el agua a 28 grados. Bene tenía las manos como si hubiera pelado diez veces seguidas, debido a una enfermedad en la piel. La piscina era para personas con problemas de piel, pero ahí se metía todo el mundo, medio por solidaridad, medio por la convicción del poder neutralizador de las aguas, y también a sabiendas de la naturaleza hereditaria y no contagiosa de estas dolencias.

Moscoso, con su pelo de Golem hasta las orejas, se zambullía de vez en cuando, hasta volver a secarse las melenas y a repetir la zambullida del avestruz. Una de las señoras, digna acompañante de su marido, también allí aprovechando las propiedades curativas del agua, no le quitaba ojo, mientras repartía conversación con las demás personas. Unos venían a menudo desde Vigo, aquella había llevado un pub en Ribadavia, y mostraba todos sus galones de lugareña. También había una pareja que solía venir desde Betanzos, asombrados y contentos de haber encontrado un ambiente tan extraño y tan placentero.

La mujer, aún vestida de calle, hacía entrever, a pesar de su edad, una femineidad más propia de alguien de menor edad. Su pareja, mirando hacia el suelo, quizás ajeno a las miradas expectantes hacia su mujer, mostraba un torso delgado, con tetillas similares al pellizco de un globo casi ya sin aire, cuando se hace tenaza en el final. Un animal al acecho, lo está instintivamente, y así se constató cuando la mujer apareció en bañador.

La otra señora, la digna, ya intentaba contrarrestar tanta atención suscitada, hablando cada vez más.

Mientras tanto, Moscoso disfrutaba ensimismado, un tanto separado, sin participar en las conversaciones. La acompañante de su convaleciente esposo intentaba echarle el lazo, y hasta quiso tirarle de la lengua, como hacen aquellas personas estando ansiosas, a destiempo y de forma entrometida.

—Y tú, chaval, di algo, no te quedes ahí dormido.

—Pero déjalo en paz, que está tranquilo, —se adelantó el marido para atenuar la brusquedad de su cónyuge—.

Moscoso se limitó a mirarla un poco, sin decirle nada.

Después de un buen cuarto de hora haciéndose el personal la boca agua con la dama coruñesa, esta se dirigió a su pareja, con apariencia de apocado, y la cabeza baja, acariciándolo como para sacarlo de una tristeza que nadie sabía si se debía al hastío por ver cómo la gente solía observar a su mujer, o por otra cuestión bien diferente, y ni siquiera ya hacía por contabilizar a los maromos al acecho. Fuera como fuera, los mimos eran para él, aun cuando muchos quisieran verlo como a un pelele fácilmente desplazable.

Moscoso era el otro polo de atención. Su rostro juvenil, con apenas vestigios de su pasado heroinómano, y sus piernas de canillas lisas, desde la intromisión de doña digna esposa del jubilado de la Citroën, parecían agradar a la gente. El propio taciturno coruñés, al pasar cerca, ladeó su cabeza como buen animal en son de paz, mientras Mosqui cerraba los ojos, asintiendo levemente.

Mosqui también tenía las manos hechas polvo. Se las mostraban mutuamente él y Bene, extendiendo las palmas hacia sí mismos para mostrar a la vez sus callosidades, durezas y rojeces, con gesto de abatimiento.

—Vaya movida, ayer, con Sandra, la de la tienda.

—¡Qué pasó, *meu*?

—Iba andando hacia la casa donde vivo ahora, y se ofreció a llevarme. Llegamos allí, estábamos hablando en el coche, y me suelta: «Bueno, ¿qué?, ¿no me invitas a pasar?, aquí parece que estamos trapicheando». Y entonces ya me vino el calor a la cara, del rollo que me daba meterla en ese galpón, pero no me dio tiempo a responder, se bajó y detrás fui yo. Ahí dentro no hay ni una mala cafetera, y mi cama es un colchón en el suelo. Nos tumbamos en él y se lio un pitillo. Era solo tabaco, pero al acercarse para decirme algo, cerró un poco su mano sobre mi mejilla y me lanzó el humo. Fue como un turbo de hormonas femeninas. Después se partió el culo con mi cara de alelado, me cogió la cabeza y la puso pegada a su blusa, frente contra tetas. Lloré como una perra de gusto, aluciné.

—Vaya rollo, Mosqui, genial. ¿Y de verdad

lloraste?

—Todos los días corriendo de un lado para otro, y algo así..., fue como si hubiera tenido un reventón, y en vez de aire, salieron babas.

—Tú siempre con las mejores historias, eres un fenómeno.

—En serio, Bene, fue así. Un colega, después de diez años sin fumar, el otro día, con un solo pitillo, se pilló un mareo de los buenos. Ese placer del mareo pudo bien compensar tantos años de abstinencia.

—¿Diez años? ¿Y tú también llevabas tanto sin estar con nadie?

Pero Mosqui no contestó; miraba sus manos, ensimismado. Tenía la cárcel muy metida en su cabeza. Aun cuando la época entre rejas había quedado atrás, es de las personas que se construyen una prisión y ahí esperan, enquistados, el momento oportuno para salir. Antes de escuchar una mínima objeción a su vida, él mismo se recluye, hasta olvidarse de todo aquello reprochable según su moral.

Después de dos horas a remojo, subieron al

tejado plano del local termal, para poder disfrutar de las vistas de la mujer sexagenaria, mientras secaba con la toalla su pelo gris, dividido en hebras gruesas, con su torso y cuello ladeados, brillante de gotas y lunares.

Bene, por su carácter espontáneo, su apariencia de ogro bueno y su forma de hablar, entre emocionada y alegre, hablaba amigablemente con la pareja coruñesa. Al poco, se acercó a sus amigos mostrando dos entradas de teatro.

—Me las ha pasado Lara. Además de conservarse tan bien es un encanto. Podemos comprar otras dos entradas y vamos los cuatro.

La obra era en el castillo de Ribadavia: un monólogo sobre los recuerdos y vivencias de un hombre maduro en el 30 aniversario de la muerte de su madre. Una persona encerrada en sus memorias, o una persona que recuerda para olvidar. Un buen punto de partida, pensó Sabi, para acometer el penúltimo tren de la vida.

Pon tú el precio

De vez en cuando, Sabi observaba los dos cuadros de Castro de la Armandina. Uno de ellos, pintado con ceras y avecrem, y el otro, con pinturas de colores y rotulador negro fino.

Y a veces, se colaba alguna vivencia mientras pasmaba observando.

Aquel día, habían contactado con él por whatsapp.

—Hola, Sabi, me pasó Chelís tu teléfono. ¿Tienes aún el cuadro de Armandina con paspartú de avecrem? Me interesa.

Respondió el mensaje dos horas después de leerlo.

—Se lo llevó mi hermana a Glasgow. Pero si quieres algo de Armandina, anda por ahí, alguien lo vio por la calle.

—¿Cómo? Pero si vi su esquela en el periódico.

Eso bien podía ser que Armandina estaba juguetón. Era una malicia no carente de sentido, y, alguna vez, Sabi, llevando unos años sin verlo, había pensado en su posible desaparición. Pero Armandina era un poco gitano y tenía bastante de gato, y, no tardaba en llegar alguien afirmando haberlo visto. Esto debía intuirlo, y por eso ya una vez había puesto una esquela.

Armandina solía repetir algo continuamente. Afirmaba, solemne, que Sabi, en un futuro, iba a odiarlo. También, sin perder seriedad, que Sabi sería él hijo que siempre hubiera querido tener.

Entonces, no comprendía, y no comprender a Armandina era algo habitual, el motivo de un posible encono hacía él en un futuro. Sabi era muy influenciable, y el torrente intelectual del pintor lo subyugaba.

Jugando con un palo, reordenaba Armandina los fragmentos rotos de cemento, creando una obra perecedera de arte que bien podía haber sido digna de Duchamp (¿o era de Kandinsky, o de Paul Klee?).

Una vez, soñó Sabi con Castro de la Armandina y su pareja. Estaban de feriantes, vendiendo camisetas artísticamente pintadas. Le regalaron una cuya combinación de colores, al verla, llevó a Sabi a volver a sentir aquella emoción soñadora de su niñez. Sin embargo, al probársela, le estaba muy ceñida, no encajaba en ella.

Eso bien podía ser Armandina: un mundo moral e intelectual apretando a Sabi. Había leído, y daba la impresión de haberlos no solo entendido, sino también de haber extraído la esencia de los libros de Camus, Joyce, Valle-Inclán y tantos otros cuya evocación era continua.

En ocasiones, a mitad de conversación, Sabi ya estaba perdido, y Castro, percibiéndolo, le conminaba a esforzarse un poco.

Le recriminaba su falta de reflejos, pero Sabi sabía que era otra cosa, no lentitud de pensamiento, sino dificultad para asimilar tantos conceptos en tan pocas frases, sintiéndose confuso ante la apariencia de obviedad que Armandina otorgaba a su relato.

Con el tiempo, alguna de las frases clásicas de Armandina, grabadas en la memoria de Sabi, se le aparecían, y no podía negar su ascendencia, su deuda para con su amigo. Sabi tenía memoria, y además leía, y poco a poco iba entendiendo.

Así, leyendo a Camus, notaba la proximidad de este con Armandina. Hasta se compró un libro de Jean Dubuffet, tantas veces nombrado: «Escritos sobre arte», donde veía algunos de sus fundamentos artísticos. En «La mano habla», del citado libro, se trata de respetar los impulsos, las espontaneidades ancestrales de la mano humana cuando traza signos.

Si añadimos a estos impulsos la rebeldía frente a la sociedad actual —la de «La mano habla» y una rebelión contra el mundo en lo que este tiene de fugitivo y acabado— tal y como afirma Camus, tenemos ya dos buenos ingredientes para un primer collage Armandina.

Podía ser, reflexionaba Sabi, como si todo aquello relatado por Armandina, toda su cultura asimilada y guardada entre pecho y espalda, la encontrase desgranada en artistas, escritores y pensadores. Aquel primer asombro al escucharle y tomar sus convicciones con admiración y provecho podría ocasionar una variación en los roles entre ambos, la consabida renuncia entre maestro y discípulo, el odio al cual se había hecho referencia.

Entre eso y la rebeldía aletargada de Sabi en su presencia, que era imposible de encapsular tanto tiempo, surgía una desazón por la ignominia de haber sido influido por alguien de carne y hueso, hecho palpable, frente al distanciamiento en la lectura de esos *marcianos* de la literatura y el pensamiento, allá lejos.

Knut Hamsun y sus misterios. Armandina tenía una voz grave, y al pronunciar el nombre del autor noruego, enfáticamente y deleitándose, paraba el tiempo en homenaje a Hamsun. Disfrutaba relatando pasajes de sus libros, algunos de los cuales Sabi había esperado encontrar en la lectura de «Misterios», «Victoria» y «Un vagabundo toca con sordina», sin éxito.

El tiempo lo diría, si Sabi seguía leyendo a Hamsun. Castro de la Armandina, le reproducía, a su modo, historias del autor:

«Son los personajes y las historias emocionantes. Un hombre observa discretamente a una mujer en sus trayectos diarios, sin darse a conocer, sin mediar palabra, sin hacerse evidente a su mirada. Una mañana, la mujer se para delante de él, diciéndole: usted está enamorado de mí.

El hombre coloca su ropa debajo del camastro donde duerme, al borde de la indigencia, para así deshacer sus arrugas y mostrarse digno para cuando vuelva a estar en compañía de su amada».

La primera impresión: Armandina, sentado con las piernas cruzadas, sosteniendo un pitillo a la altura de su mejilla derecha, con la elegancia de «Quappi con suéter rosa» de Max Beckmann, no obstante, con una expresión un tanto malhumorada, hostil. Similar figura a la de Mosqui.

Uno había gastado buena parte de sus energías en el Partido Comunista, la pintura y el pensamiento; el otro, en atracar bancos para conseguir su dosis. Armandina se quejaba amargamente de la ingratitud hacia el arte y hacia la pintura de sus paisanos, parafraseando a Dubuffet, de la gente de la calle a quienes quisiera proporcionar satisfacción y encanto.

Posiblemente, ambos coincidieron en aquella

época. Armandina conocía a uno de los chicos clientes de Santi Carolo, al cual había nombrado Mosqui en el café. Un ejemplo de la elocuencia y el magnetismo de Armandina fue su episodio con Carolo, al cual conoció por mediación de un yonqui, hijo de un viejo amigo. No en vano, el mercadillo de Carolo quedaba detrás del antiguo cuartel de Barreiro, adonde afluían personas de todo Vigo, a la luz del día, sin apenas disimulo.

Le pidió un préstamo, el cual nunca fue devuelto, a pesar de la insistencia de un agresivo Carolo. Pero era reclamar, hablar con Armandina y desistir, hasta el punto de prestarle a este un poco más de dinero. Maestro del sablazo, pocos bares quedaban ya en la zona donde hincar el diente. Eleuterio, el dueño del Frazier, un bar del barrio, le había contado en confidencia la afición de Castro de la Armandina a las bebidas espirituosas, gastándose hasta 75 euros diarios. Le había dejado una deuda de más de 4000 euros. A ello, Sabi, entre la confesión y el enigma, le había hablado de la existencia de deudas mayores de Armandina con otras personas.

Sabi siempre tuvo detractores, pero también protectores. Fantaseaba en muchas ocasiones con la existencia de una especie de rumor, una corriente susurrante, donde a él se le tenía por una persona legal, de colega al cual se respetaba.

Armandina tuvo a Sabi y a Chelís. Unos protegidos protegiéndolo. Poco a poco se les fue tildando de locos por su cercanía con él. Hubo una forma de ser perdonados, pasando de locos a víctimas. Como si no hubieran sido conscientes al cerrar los ojos ante las múltiples triquiñuelas del pintor.

Hasta el día de los muebles y los libros apilados en la calle, y de su traslado a una nave, y de Armandina y su pareja Vera, al hostal Krishna. Deportados a un centro de Vigo, en la calle Florida, donde recibieron ayuda.

—¡Ostias, lo he visto! —recibió por whatsapp Sabi dos días después—. Tiene una decena de cuadros expuestos en un bar de comidas, en la calle Salamanca. Pero el tipo del bar, un tarugo de los buenos, no le deja sacarlos, por no sé qué deudas.

—Si le compras alguno, sí, supongo.

—Ya estuve viéndolos con los dos, se me hizo difícil.

—¿Y eso?

—El del bar ya se estaba frotando las manos cuando dije estar interesado por uno. Armandina no se mostraba muy receptivo cuando halagaba sus cuadros. «Pon tú el precio» —me dijo— «y dale el dinero a este». Después se fue, dejándonos a solas. El tipo del bar se puso a gritarle que eso no podía hacerlo. Entonces volvió y me dijo: «diez mil euros». Me puse de mil colores, y no te digo nada el del bar. Luego, lo típico: puse la excusa de pensármelo y me marché.

Monjas de ayer y de hoy

Desayunando en la pastelería «Flor das Cerejas», en el lado portugués del Miño, Sabi fijó su vista en alguien cuya apariencia le era familiar. Entraba con un hombre, su pareja, y una niña de unos diez años. Era fácil adivinarlo: era la hija del hombre, ya que con Maite, la mujer, había coincido en la época del probable nacimiento de la niña, así que no podía ser de ella.

Era profesora de infantil, acostumbrada, por lo tanto, a estar con niños. Se saludaron a media distancia, y ambos estuvieron observándose alternativamente. Era ahora una atractiva mujer de unos 33 años, pantalón recto de vestir con raya, beige, blusa de manga larga a juego, de una tonalidad levemente más oscura. Era la misma mujer inquieta, excitante, nocturna y alocada, haciendo bueno el dicho: «el que vale para la fiesta, vale para todo».

Doble reto, esta vez. Había decidido mantener esa postura de aparente distancia respecto a la hija de su pareja. Su posición respecto a ella era delicada, y debía saberlo: no podía esquivar la competencia implícita por ser pareja del padre de la niña, tan solo suavizar su efecto. Una excesiva atención, provocaría rechazo; mantenerse en esa delgada línea produciría desazón en Maite, de ahí esas ojeras. Se levanta para ir al baño, y la amplitud de la blusa no puede ocultar el cambio físico. Unido a las ojeras parece indicar gravidez.

Sabi se levantó poco después, esperando cruzarse con Maite.

—Enhorabuena, Maite.

—Ah, hola, ¿Por...?

—Por la operación de aumento de pecho.

—Sabes, para alguien con reminiscencias de monja, como tú decías, eso sería muy atrevido.

—Lo eres. Atrevida y monjil. Por las dos cosas me conociste.

—Me entero ahora...

—Primero fuiste atrevida, al hablar conmigo inesperadamente, después monjil, o quien sabe, yo te traté como a una monja. Serás una buena madre.

Volvió a su sitio. En realidad, lo de monja Sabi lo decía por lo del arrepentimiento, la reparación. Aquella había sido una noche difícil de digerir. La pedagogía del choque con la realidad. Mejor no rememorarla.

Maite se le acercó por detrás.

—Tengo media hora libre, ¿vamos al río a dar un paseo?

—Sí, claro —respiró hondo—. Enfrente está el embarcadero de Goián.

—Había tomado la determinación, cuando te viese, de decírtelo. Te tenía aprecio, puedes creerme, a pesar de lo de aquella noche. De no ser por ello, ni me hubiera importado. Me lie con aquel amigo, no quise evitarlo, aunque tú lo vieras.

—Eras libre de hacerlo, por supuesto. Lo elegiste a él, sin aparentar duda. Prefería haber sido yo, pero yo no soy tu tipo. De hecho, otra de tus posteriores parejas guardaba semejanza con aquel: de gran tamaño, engreído y un poco inseguro.

—Veo que no pierdes detalle… Lo guardas todo. No me echaste nada en cara, pero en el fondo estabas dolido. Bajo esa apariencia imperturbable, no me culpabas de nada. No me hacías ver tu rencor. Sin embargo, no lo habías olvidado.

—Imperturbable no. Tonto, más bien. La chica que me gusta se va con otro, y el tonto hace como que no le afecta. Por respetar su elección.

—Tiempo tuviste de vengarte. Sin la menor consideración a mis remordimientos de niña de colegio de monjas.

—Mi papel de tonto no estuvo tan mal. De acuerdo, percibí ese darse latigazos exculpatorios. Pero también, después de mi primera aparición pusilánime, noté lo que esta produjo en ti. Algo así como: ¡Si no le importó! Viva la fiesta, adiós penitencia.

—Preferías mi martirio.

—No. Ni una posible excusa. Tú eras libre, era una encrucijada. Ya no podías repararlo, y era patético verte intentándolo. Y era insultante si no lo hubieras hecho.

—El tiempo lo arregló un poco.

—Tiempo después me buscaste, pero ya no había posibilidad. Ya no estaba con la pluma preparada.

—¿Te busqué?

—Vi tu rostro, mientras tonteaba con una amiga, al parecer por no prestarte la atención debida. Y después, quemaste las naves.

—Todo eso ya no importa. Es descorazonador cómo ocurre todo. Coincides en una época con una gente determinada, en los mismos sitios, se crean vínculos, pensando que eso va a ser eterno. Después, la certeza de encontrarte con esas personas en los mismos lugares se esfuma. Las plazas quedan vacías, las recorres en soledad.

—Cierto. Ahora es el momento de decir alguna cursilería. Mejor me la aguanto.

—Ahora ya no sales tanto, supongo.

—Hago una vida social diferente. Si vas por Cabral algún sábado, me verás en alguna terraza, por las mañanas. Pásate algún día, hacemos una tertulia, al modo de los cafés literarios.

—Está bien. Y no, no es gravidez.

Era injusto con ella. Había metido en su cabeza el discurso de la monja arrepentida, y no soltaba presa. Maite era un personaje. Valoraba a Sabi, le conminaba a activarse. En eso coincidía con Delia, compañera de trabajo. «No seas *parvo*, pide un aumento» —le decía—, o, «si tienes oportunidad, haz ese viaje. De vez en cuando hay que hacer alguna locura, para no estancarse, Sabi».

Por otro lado, Armandina alababa la enjundia de Sabi. Ellas sí habían mostrado enjundia con él. Con ellas, Sabi era algo, tenía una identidad.

Una persona se dispone ante la muerte. Actúa con premura, con impaciencia, desordenadamente. Fracasará ante sí mismo y ante la muerte. Sentimentalmente se precipitará, y, al no obtener lo deseado inmediatamente, se ausentará, deprimido. No lo sabe, pero su fracaso es, en realidad, la conciencia de su fracaso.

Sabi, incapaz de parar a su corazón cuando alguien le gustaba, se culpaba por ello: ocurrirá siempre lo mismo con otras personas, ignorante de la mayor facilidad de expresarse con alguien después de haber hecho el ganso. En lugar de la estrategia del pavo real, elegía la del avestruz.

Sabi fantaseaba con las analogías de estas *religiosas* y las de su pasado. Siendo niño, vino Ángeles, la monja de parvulario, a casa. Le iba a dar la medicina para las lombrices. Sabi es capaz de cerrar los ojos hoy en día y ver aquella expresión de relajada severidad. Se percibe cuando alguien hace algo afectuosamente y no por deber.

Aquel otro día en que otra monja aguantó la mano en alto, sin llegar a la mejilla de Sabi, su cara arrugada enfrente y mirándole estupefacta, inerme. O el día en que Ángeles los castigó a él y a Marco Sesar por andar bajándose los pantalones mientras corrían en círculo en un ejercicio de clase. Ella se aguantaba algo la risa, o al menos eso le parece.

Fueron diez años en un colegio de monjas. Guarda buen recuerdo de ellas, incluso de aquella cuya costumbre más humillante era la de darle cachetes en las nalgas. Lo sacaba al encerado, ya él con trece años, y como no estudiaba y no atendía, no sabía hacer los ejercicios. Y ella, «¿cómo qué no?, si lo acabo de explicar ahora», y palmada. «Venga, esfuérzate», toma y toma. Y yo «que no me dé». Y ella, «pues lo que haga falta».

La mente es maligna. Tiempo después, le había llegado el rumor de una chica que estaba por él; la relacionaba con la monja del encerado. Intentaba evadirse de tal paralelismo, sin conseguirlo. Tenía atractivo, aquella, pero a Sabi le mataba, pues se le aparecía instantáneamente la imagen de la profesora de tradicionales recursos.

Tenían algo de maternal, las monjas. Igual que el hombre soltero quiere tener algo de papá bueno. Es como si se dijeran: «ya que no disfrutamos del sexo, no ha lugar la conducta deprimida y amargada; más vale ofrecer una sonrisa y buena disposición». Pero algo falla de vez en cuando, y es necesario reconvenirse continuamente. La carne anhela en soledad, la frustración del animal deseoso desborda.

En este lugar se encuentra Maite, con la diferencia de que tiene una buena vida sexual. Delia, la compañera de trabajo de Sabi, lo dice claramente: «necesito hacer alguna *locura*», y, en sus palabras, decir locura equivale a vitalidad.

La flor lanzada

—¡Me quieres arruinar el matrimonio, golfa!

—Yo no arruino nada, déjeme.

Introdujo el cubo en el lavadero, como se hace cuando se coge agua para baldear, y le lanzó el agua con rabia.

—¡Pues ahora te vas a refregar para casa! —le gritó, mientras la otra mujer boqueaba con los ojos cerrados, empapada—.

A los dos minutos de estar en el vestuario, Sabi ya había empezado a olvidar sus vacaciones. Conocía el mal humor mañanero de algún compañero, se permitía lanzar alguna puya, y le recogían el guante, respondiendo con alguna crueldad habitual.

—Coño, aún andas por aquí, no contaba contigo.

—Aquí estoy, me echarías de menos, soy

como un padre para ti.

—No, por favor, con uno me llegó —decía Sabi—. Ya sé el tipo de padre que serías conmigo. Heredaste las mañas de tu abuelo.

—Fino como un ajo, era el hombre. Tapaba un agujero de una gotera e iba abriendo otro, era previsor. Luego lo volvían a llamar. Era padre de siete hijos…no como tú, que no contribuyes al mundo.

Algo ofendido se sentía Sabi cuando le sacaban ese tema, pero lo aprovechaba, y en momentos de cabreo, era una de sus vías de escape. Se cruzaban en el pasillo y espetaba, sin más:

—Tú que sabrás en lo que yo contribuyo, lujurioso.

Y también:

—*Neno*, vete ajustando el tanga que hoy no te ayudo con lo tuyo, vas a llevar de lo lindo.

Pero después, si hacía falta, se juntaba con él a trabajar. Era un pillo y, si podía, lo dejaba en evidencia, ¡delante de Cristo bendito! Pero también compartía buenas mañas para realizar las tareas. Como agarrar el caucho, sus trucos particulares con las máquinas, los cotilleos —reales o inventados—, y, de vez en cuando, le relataba las historias de su pueblo y de sus personajes.

«Aquel día, no perdonó. Ella, seductora y grosera, le soltó: "Avelino, ¿no querrías que te pagase con ésta…?"

Avelino ya estaba acostumbrado a esos modos y, como solía decir, "hay que estar siempre con la pluma afilada".

Después fue mi abuela a cobrar la factura. "Mira Carmiña, tú sabes que somos muchos en casa, y no le pagaste a Avelino aquellos trabajos de hace un mes, si pudieras…", y Carmiña respondió: "A tu Avelino, ya le pagué yo con esta de aquí abajo".

Yo era un rapaz, aún me acuerdo de la bronca de mi abuela. Estuvo toda la noche con "¡me cago en la nación que te hizo!", "*sinvergüenza* te tenía que dar". Aquella frase graciosa le salió así a la abuela; "ruin", y no era capaz de parar. Y él: "¡vale ya!", pero otra retahíla de cosas le soltaba mi abuela. Yo me asusté de que la abuela dijera esas palabrotas, pero ya no me acuerdo de algo que le llamó que me había parecido la más fea de todas».

Muchas historias las repetía, pero no sin introducir alguna anécdota pequeña, pero no importaba, a Sabi le gustaba volver a escucharlas.

Se hacía más llevadera la jornada laboral. Como eran trabajos monótonos —haciendo piezas y juntas de goma con una máquina, durante al menos cuatro horas en soledad— romper el monólogo interior era un alivio.

Acabó la jornada un poco cansado, debido al tiempo de inacción, con la idea de descansar en su casa. Al pasar con el coche, vio a Delís y a Mosqui en la terraza del café. Se saludaron, pero no paró.

—Ahí va tu colega,—dijo Mosqui—. ¿Vive por aquí?

—Claro, en la Parachán, al lado de la vieja tienda-bar.

—¿Viven allí sus padres?

—No, vive solo. Al padre le dio un ataque al corazón. Era Eusebio, el dueño del almacén de construcción. Un mes después de un atraco. Era fumador, ya no andaba bien. La madre... cuando era un chaval, de lo de siempre.

Sabi llegó a su casa con la historia de Fon, su compañero, dando vueltas en la cabeza.

—En el día de su entierro, una señora mayor lanzó una flor sobre el ataúd, antes de cubrirlo de tierra.

—Era la mujer con la que tuvo aquel lío.

—No, la mujer que mi abuela mandó a refregarse a su casa.

—De por allí, también.

—Sí, había quedado soltera. Fueron amantes.

Era así como ocurrían las cosas entonces, pensaba Sabi. Hoy en día, los amores son más volátiles, aparentemente. Aquella mujer recordó toda su vida aquel idilio, en soledad, bajo unas condiciones humanas embrutecidas: trabajo en el campo y en el mar, donde dicen que era mejor ser burro en la aldea vecina que caballo allí, siempre arrastrando pesos en la orilla. No se sabe cómo soportó toda su vida, solo que, ya mayor, lanzó una flor en la tumba de su amado.

Sabi se imaginaba dentro de la escena. Un suceso fútil, una vieja echando una flor, nada más. Le habría pasado desapercibido, no le habría llamado la atención.

—¡Ahora yo! —repetía una anciana en su lecho, inmóvil, esperando la muerte—.

Algún amante, alguna pasión, trabajar toda la vida, empezar la madurez. Si una persona considera irrepetibles las pasiones y afectos de su primera juventud, se está condenando, o acepta la sentencia. Es un hecho: creemos que son irrepetibles…hasta que ocurren de nuevo, y, paradójicamente, se siguen mitificando.

Ahora Sabi es más considerado con la gente,

admite con empatía las habilidades ajenas. Excepto si alguien lo trata con soberbia, desconsideradamente. Entonces, se enerva ante la ignorancia del que no sabe apreciar.

Hora de dormir.

Aborto de ladrillo

—¡Asturiano, maricón!

—Pero ¿qué dices, Mosqui?

—¿Conoces a Sabi, el colega de Chelís? Me vino a la memoria una historia. No sabía que era el hijo del asturiano del almacén.

—Que yo sepa, no es homosexual.

—No. Estaba una tarde sentado en el lavadero de Barreiro, fumando unos petas con una pandilla de por allí. Subía el Sabi hacia su casa —era un chaval entonces— y uno de los del grupo le soltó eso, a la espalda, después de pasar por nuestro lado. Se dio la vuelta, dolido, sin decir nada, y siguió su camino. Dos o tres de los que estaban allí se partían.

—¿Por?

—Por hacer burla, por joder. Fueron unos cobardes, y no fue esa la única vez. Otro día, en San Juan, pasamos en horda por la casa de sus padres. Se ensañaron a pedradas y burradas. Fue asqueroso. Después, estos *valientes*, a la hora de la verdad, hicieron lo que hicieron.

—Una de tantas salvajadas —dijo Sandra a Mosqui—.

—El día anterior al atraco del almacén, había estado con el Carolo. Vi la recortada y las navajas preparadas, yo estaba pillando. No sabía que, después del atraco, había palmado el viejo del Sabi.

Mosqui se levantó de la cama, desperezándose. Hubiera deseado no haber estado aquel día allí.

«Vivías en un barrio duro», le había dicho aquel psicólogo en la trena. Estaba habituado a la vida en ese barrio, la palabra *duro* le había parecido extraña, exagerada. Hubo drogas, atracos, pobreza, peleas, abusos, discriminación. De algún modo, el barrio le pasaba el rodillo a todo dios..., pero como cualquier barrio de las afueras en la misma época.

Le había preguntado al psicólogo cómo era un barrio normal. «Pues donde la gente puede desarrollarse como persona, y vivir sin ser siempre violentado. Estudiando, aprendiendo algo con pasión, esforzándose en su vida personal». Mosqui solo sentía desidia entonces, cualquier ilusión perecía ante ella. Según el psicólogo, tenía capacidades sin utilizar. Debería empezar a hacerlo, para eso era la vida.

Había visto muchas películas en la cárcel. De «Dersu Uzala» había interiorizado dos escenas: La del cazador luchando con un temporal, haciendo una cabaña para resguardarse y la del hombre solitario en la montaña, aislado decenas de años debido a un fracaso en el amor. El cazador y su militar acompañante, sobrevivirían; el hombre, ya anciano, volvería a su hogar. Mosqui reconocía en sí mismo esas dos facetas: la de activarse con fiereza y la de narcotizarse y dormitar.

Ahora estaba con Sandra, se sentía fortalecido. No del modo de aquellos que, después de una época de vacío sentimental, cuando alguien se fija en ellos, se ponen gallitos y pasan a ser los reyes del mambo.

Sandra vencía su escepticismo, sus inseguridades. Se conocían desde siempre, eso ayudaba. No había esa primera fase del enamorado, que, en un principio confía ciegamente en su amor, aceptando incluso posibles situaciones de infidelidad de su amada, pero que, al poco, se transforma en ansia por dominar y controlar, en dependencia.

Estaba tranquilo, sin más. Había pasado dos días en casa de Sandra, aunque no seguidos. Le había preparado la comida, había dormido en su cama. Se sentía locuaz, imaginativo.

—El chef Mosqui, a su servicio.

—Acabarás montando un bar de comidas...

—Pero para gente de pasta. Me imagino preguntándole a una persona elegante —mientras degusta uno de mis platos gourmet—, si le gusta, y el caballero gesticulando mientras mastica, juntando los labios, uniendo el dedo índice y el pulgar, como diciendo: «de cine, Mosqui».

—Me pregunto cómo es que sabes de cocina.

—Mi madre trabajó de cocinera en un restaurante. Traía recetas a casa, y me obligaba a ser su pinche. No me llegaban tres mandilones por día. Una vez llegó un amigo a buscarme, y me pilló ayudando con un relleno. No lo maté de milagro, se lo fue cascando a todo el mundo. Mi madre, aun por encima, también se burlaba; eso me cabreaba más. Me dolía en el orgullo propio, por reírse de mi falta de maña.

Al terminar de comer, se tumbaron los dos. Sandra tenía la intención de coger el libro que estaba leyendo, pero no lo hizo. En otras ocasiones hubiera sentido que le faltaba algo.

—Oye Mosqui, podíamos invitar un día a tus dos amigos, a cenar.

—Se lo comentaré. El sábado, podría ser.

Segunda parte

Delia

Sabi parecía un poco despistado —reflexionaba Delia—, puede que no haya pensado nada. Son muchos días trabajando juntos. En ocasiones, cuando pasa cerca, es como si esperara un cachete de él. En otras, retengo en silencio el beso que algo me impulsa a darle. Un día, se soltó su mandil por detrás, y eso afiló mi mirada. Habitualmente, nos acercamos a la mesa donde está la libreta de anotaciones de la producción. Con el revés de la mano, le di dos golpes rápidos en el hombro, sin decir nada, en un acto reflejo. Se había mezclado todo: cachete, beso, tensión. Como si nada. Mejor. Después, le grité, para que viniera a ocupar su puesto.

—¡Maquinaria! ¡Urgente!

—¡Voy! —dijo Sabi obediente—.

Le pregunté dulcemente si le pasaba algo, no veía que avanzara. Se puso a tono. Le dije que ya estaba pensando en el fin de semana. De momento, tenía medio plan. Faltaba la noche del sábado.

—Pues vente a cenar. Quedé con dos amigos y la pareja de uno de ellos.

—Pues… no sé. Me lo pensaré.

—Cómo se nota que te lo estás pensando.

—Normal, no es asunto fácil ir de cena con dos de Candeán.

—La chica de la calle Camelias, con gente de Candeán. No lo cuentes por ahí…

—Vale, adiós. Aguántalo tú, Fon.

Se acercaba la hora de plegar.

—Bueno, si quieres venir, mándame un mensaje. Sin fallo. Normalmente por aquí hacemos churrasco, pero, claro, la peña del centro, ya se sabe, es más fina…

—Eh, no te pases. Además, mi abuela era de Cabral. Ya no te mando mensaje.

—Entonces…

—¿Llevo algo? Además de un poco de civilización…

—No hace falta. Si quieres algo de vino, o un postre. Ya nos honrarás con tu presencia, a nosotros, los del medio rural…

Me parece estar a un paso de considerarlo amigo.

Después del trabajo, los viernes, Sabi solía ir con Fon y Delia a tomar algo. En una ocasión, antes de irse un mes de vacaciones, Delia había dicho, un poco como si hablara para ella misma, que esto lo iba a echar de menos. Se crea esa ilusión, cuando durante un tiempo coincides con las mismas personas en los mismos lugares: la ilusión de creer que siempre será así. No hay que pensarlo, solo vivir. Normalmente, se quedaban los tres hablando. Hasta aquel día, en que Fon se había ido antes. En un primer momento, Sabi escuchaba hablar a Delia, interviniendo poco, con inseguridad, oyendo sus propias palabras, notando su mueca forzada. Con alivio, se fue desbloqueando, desvaneciéndose ese barullo mental. Ahora, ya era algo normal, aun cuando no estuviera Fon.

Un día le estaba enseñando algo en el móvil.

Estaban sentados a la par, y Sabi se estiró, quedando su cara muy cerca de ella. Veía la forma de su clavícula, casi sentía rozar la barbilla en su hombro. Tenía esa piel que cualquier mano soñaría acariciar. Esa piel de ensueño, tan difícil de rememorar.

En fin, era compañera. No estaba enamorado de ella, el día del móvil se había revolucionado su sangre, hasta ruborizarse, pero eso era normal. Ayer, sin darse cuenta, debió de invadir su *espacio vital*, y Delia le dio dos golpecitos. Pudo ser que quería decirle algo y después se olvidó, por eso la cara de alelada. Tonterías.

Se reunieron en Cambeses. Sabi quiso ir dando un paseo para enseñarle a Delia el barrio. Pasaron por debajo del puente hasta la cuesta de la Curuxeira, descendieron y se internaron hasta llegar a Pardavila, donde vivía Sandra. Delia creía estar visitando el interior de una Kasbah.

Sabi fue recordando alguna de tantas historias cruentas del lugar. En el ahora, y quizás siempre, desconchado lavadero, una mujer, rabiosa, había arrojado agua hirviendo a las piernas de un chaval del barrio, mandándolo una temporada al hospital. La respuesta de su madre fue la de darle una paliza a aquella mujer, hasta casi matarla. Lo habría hecho, posiblemente. Aquel niño, ahora un hombre, se lo había contado, no con rencor, sino con una especie de melancolía. Estaban acostumbrados, eran cosas que pasaban de vez en cuando.

Sandra vivía en una de esas estrechas calles donde apenas entra un coche. Era una casa bonita, de dos pisos, con patio y jardín.

—No hagáis mucho ruido. En la planta de abajo vive la madre de Sandra. Tiene un perro, es muy sensible, y se estresa con el alboroto.

—¿Quién, la madre?

—No, el perro, hombre.

Sabi recordaba a Sandra de la época heavy. Entonces, encarnaba el sueño femenino de cualquier chaval metalero: pelo negro liso, pendientes de aro, pantalones ajustados, increíbles caderas, sonrisa seductora. Ella afirmaba flipar con el sonido *Maiden*, igual que él. Se saludaban, y alguna vez llegaron a intercambiar música. Un disco de Saxon, perfectamente cuidado, a cambio de un trillado casete de Judas. Se lo devolvió en idénticas condiciones, pasando algún sofoco. La música era el único tema de conversación entre ellos.

No le sorprendió el limpio y ordenado lugar en el que vivía. La curva formada entre el monte Galiñeiro y el monte Alba quedaba perfectamente enmarcada en la ventana de la sala.

Cada uno de los tres recibió las atenciones de Sandra. Uno se siente bien en casa ajena si sabe que puede utilizar el cuarto de baño. En algunas casas, pareciera como si los anfitriones los escondieran, provocando el azoramiento de los invitados. Sandra no avisaba, era la vivienda la que informaba a los invitados cómo comportarse. Mosqui se mostraba relajado, en un segundo plano. Había preparado, por primera vez, un bacalao con nata, al modo de los portugueses.

Sin más preámbulos, se dispusieron a comer. La conversación la mantenía Sandra, pero los cinco hablaban. Sabía lo que hacía, repartía bien. Sandra conocía a Mosqui a la perfección, había sido buen amigo de su hermano mayor, muerto por sobredosis. Después, el barrio lo hizo desaparecer quince años. Años de rabia, violencia, muerte. Como una larga epidemia de peste, de miseria. Pero Mosqui afirmaba haber tenido suerte, después de todo, y no haber heredado tan mala ostia. Le sorprendía la gente joven. Por ejemplo, un chaval del barrio, un pipiolo de veinte años, le había dicho, sobrado, que, con la experiencia que tenía del ser humano, era un hecho que la gente no cambiaba. Y él, que procuraba no darle la *chapa* a nadie, con la movida de la experiencia, recibía lecciones de seguido. Debía de ser ley de vida, ir redescubriendo la pólvora cuando eres chaval.

—¿Con esas palabras? Eso ya lo he escuchado antes. ¿Tú que dices, Chelís? —preguntó Sabi—.

—Pues... puede ser. Nuestro amigo Armandina.

—¿De quién habláis?

—De uno que sabía dar pomada —dijo Chelís— te hinchabas cuando decía lo especial que eras: te decía que estaba cabreado, porque en este barrio había encontrado a alguien más honesto que él, y también, solemnemente, que nosotros éramos personas a respetar, no como la mayoría del vecindario. Es como si se abriera la puerta de tu coco, con un abrelatas, te metiera su discurso, y luego se cerrase, con todas esas palabras dentro.

—A saber, que palabras serían esas.

—Ahora no me acuerdo —dijo Chelís—. Eso de hablar de su experiencia con el ser humano, seguro. También se resentía de llevar mucho tiempo paseando por el filo de la navaja... Se refería a sí mismo como «un vagabundo de estrellas, un defensor de pleitos pobres»... Desde luego, no puede decir que lo dejáramos tirado. Y la mitad de lo que le dábamos, se lo ventilaba en Campari.

—Pero vosotros, hombres de Dios... parece mentira, que alguien os toreara así —dijo Delia—.

—No te creas —dijo Mosqui—. Eso pasa mucho. Había un tipo que coincidía con nosotros en el barrio de Corea, hará más de veinte años, que nos abrasaba con el tema de montar una banda. Tenía *panoja*. Éramos chavales. Nos hacía pasar pruebas: robar algo, alguna pelea.

Caímos, como *chinchos*.

—Ese fulano era medio nazi —dijo Chelís—. Después desapareció. Armandina no era un cabrón, como ese. Pero estaba resentido, era un suicida.

—Para ser justos —dijo Sabi— podía pasar de ser un genio, a un auténtico desastre, una bomba. Era las dos cosas, sin término medio. A corto plazo, Armandina hizo el efecto de un tornado. Con el tiempo, reconozco que se agrandó mi campo visual. En todas las direcciones: política, arte, literatura, cine, poesía. No era un monstruo, recuerdo verlo dolido. No era frío: más bien, como un personaje de su adorado Knut Hamsun: siempre alterado, con los nervios en tensión. Cuando le dije que a mucha gente del barrio no le gustaba, fue un comentario poco considerado, de falta de tacto, es cierto, y encajó mal el golpe. Parecía balbucear, al borde del llanto.

—Después de haber dejado pufos por todos lados, se había creado enemigos —añadió Chelís—. Además de todos aquellos con los que se había mostrado crítico. La gente no perdona. Me acuerdo de aquel día, de verlo desencajado.

—Aunque... —añadió dubitativo Sabi— es posible que a ese chaval... bueno Chelís, tú sabes de la influencia de Armandina... El caso es que igual fui yo el que le dije ese rollo de «la experiencia»...y luego se lo soltó al Mosqui. Se me escaparía, algún día...

—¡Me cago en la madre que te parió! —dijo entre risas Chelís.

—¡No nos damos desenganchado! Ahí lo tienes, Mosqui, al culpable.

Delia se iba. Había quedado con unos amigos en «La casa de arriba», un local del centro. A Mosqui, a Sandra y a Chelís no les apetecía. Sabi le dijo a Delia que iría más tarde. Media hora después, bajó al centro de la ciudad.

Podía haber ido con ella, si Delia le hubiera preguntado una segunda vez. Pero ella no es así, no se anda con rodeos. Si o no, nada de pasteleo. Aunque claro, una segunda vez es de cortesía, no es insistir, ni rogar nada. La vio al fondo del local, acaramelada con un fulano. Se fue al local de al lado, y pidió una cerveza en la barra. Algún conocido pasaba y se saludaban. Una chica se dirigió a él, debido a un supuesto parecido de Sabi con Alfonso Daucir, uno de la tele. y Sabi le preguntó, de malos modos, que a quién se refería. El tipo que la acompañaba sonrió, y le habló del programa de famosos de ese Daucir. Sabi la vio, los vio a los dos. Parecía que el tipo le estaba entrando, y ella se quería evadir. La mandó, sin palabras, a la porra, y se fue a otro lado. Si quisiera haber sido simpática con él, le hubiera dicho algo amable, no la chorrada esa de parecerse a uno de la tele. Hay peña que diría: «¡Oye, nada es perfecto, nos solemos pasar de frenada, es bueno ser receptivo!». Sabi se decía: lo que mal empieza, peor acaba, y si consientes de primeras una tontería, al final, lo toman a uno por tonto. Se quedó cortada. A él le importaba tres huevos. Está muy bien que el personal se crea muy listo, superior. Otra cosa es que, encima, te molesten. Para servir a sus inseguridades, buscan a alguien de quién chotearse.

Se acercó otra vez la tipa, diciendo que era una imbécil, y Sabi le dijo que en absoluto, y que se cuidara. No falla, pensaba Sabi: pasaban a insultarse a ellos mismos. Pobre del incauto que caiga en sus redes, por lo menos en estos momentos.

En fin, rumbo a la piltra. A patas. Subió Urzaiz, pasó por el Calvario. En Ramón Nieto, por segunda vez en este día, vio la curva del Galiñeiro y el Alba. Se decía que no es que la gente fuera cabrona: más bien, no había que permitírselo, dentro de lo posible. No solo cuando le toca a uno bailar con la más fea, también cuando le ocurre al de al lado. Como aquella chica, que no había vuelto a ver.

Estaba solo en un pub, tranquilamente, con su *birra*. Sin saberse el motivo, cuatro pardillos empezaron a arrinconarlo, dándole empujones. Le llamó la atención a uno y lo rodearon entre los cuatro, abucheándolo. Se zafó de ellos, y la manada se dispersó, pero seguían burlándose. Una chica los observaba, fijamente, sin decir nada, pidiéndoles explicaciones, sin hablar. Seguramente había visto toda la escena. Con cuatro como ella, pensó Sabi, se acababan muchas tonterías. Los tipos se largaron. Había sido un gesto de lo más reconfortante. Por desgracia, no era lo habitual. Otros le habrían dicho que se tranquilizara, observándolo desde la lejanía, culpándolo del agravio sobre él cometido. La imagen de esa chica, enfrentándose, era un tesoro en la memoria de Sabi.

Ya en su habitación, se desvistió y colocó la ropa lentamente sobre una silla. Como si estuviera fatigado, se tumbó, estirando el cuerpo que ya sentía la colcha desgastada. Se frotó el pecho, apoyando las manos en el ombligo, repitiendo el movimiento, cada vez más despacio, mientras sus pensamientos se confundían, hasta ser tan absurdos que indicaban la proximidad del sueño.

Sabi avanzando por una calle abarrotada, delimitada en sus bordes por un entramado de tablas, pisando un suelo de piedras colocadas sin orden sobre tierra endurecida. Camina enloquecido, nervioso, enfermo. Una mujer sale de una abertura entre las tablas, y lo invita a seguirla, pero Sabi no accede, y sigue descendiendo hacia un recodo del camino. Un hombre, de unos sesenta años, lo abraza por la espalda, y Sabi se desembaraza con asco. Pero el tipejo se ofende y le grita, amenazándolo con un palo. Sabi no siente temor, pero sí estupefacción por el encono del individuo. Después da la vuelta, queriendo volver a encontrarse con la mujer que antes lo llamara, y busca la abertura entre las tablas. Al encontrarla, entra, y llega a una sala donde, alrededor de una mesa, hay un grupo de hombres y de mujeres. En la cabecera, la mujer que lo había invitado asiente al verlo. Otra mujer, con rasgos indios y muy seria, le ofrece una silla a su lado. Intenta hablar con la anfitriona, infructuosamente, pues un hombre, con hostilidad, le da a entender que ella le pertenece. Nadie le presta la más mínima atención.

Paulatinamente, la chica india cambia de actitud: ahora sus ojos brillan, se forman hoyuelos en sus mejillas al sonreír, y hablan placenteramente. Ella se levanta, y Sabi la sigue hasta un pequeño cuarto, donde se tumban en una cama. Se desvisten, entre besos y caricias, se abrazan, disfrutan del sexo. Nunca llegan al clímax: él, con los ojos cerrados, ella con ese brillo en los suyos, con matices de relámpago.

Sorpresivamente, se abre una cortina, y aparecen los dos en medio de un restaurante, mientras los comensales —que no muestran sorpresa ni indignación— comen con tranquilidad.

Enredos sociales

Un mensaje suena en el móvil. Son las nueve de la mañana. Delia ha actualizado su estado. «Empezando el domingo con aire fresco».

—Eres incansable, le escribe Sabi.

—Si, me cansé ayer esperándote, cabrito.

Delia lo convence para ir a la playa a correr. Sabi accede, pero lleva años sin echar una carrera. Rebusca en los cajones algo que ponerse y se decide por un bañador y una camiseta. Al llegar a Samil, reconoce a Delia haciendo ejercicios de estiramiento.

—¡Venga, vamos, vago!

—¡Eh!, empieza de suave, que estoy fuera de forma.

Mientras conversan, y sin ninguno de los dos decidirlo, van caminando hacia el mar, donde la arena forma ondas paralelas al agua que sube y baja. Después de trotar sin moverse, empiezan a correr. Delia, intransigente, altiva, va siempre un par de cuerpos por delante. Sabi prefiere dejarle la iniciativa, no había que picarla. Después, eran ya tres cuerpos, y Delia sonreía con picardía, al ver lo rojo que Sabi se iba poniendo. El río Lagares ya estaba cercano.

Se puso a la par, en un último esfuerzo, para llevar a cabo su plan, en las inmediaciones de la desembocadura.

Pero no pudo ser, no hubo margen para decirle que se veía una garza, y recuperarse un poco de la primera carrera.

No es solo que esa trampa pudiera disminuir un poco su cansancio, también tendría en la cabeza algo de lo que reírse, engañando a su fatiga. Reconocía esa sonrisa inquietante en algunas personas que se cruzaban con ellos. ¿Pensarán que hacemos buena pareja? ¿Se burlarán instintivamente?

Después de media hora, se sentaron en la

arena. Sabi, con un palo, jugaba haciendo y borrando dibujos en la arena.

—Era muy chula, la garza —dijo Sabi—.

—¿Qué garza?

—Una que me hubiera gustado ver en el río, para bajar el ritmo.

—No entiendo nada.

—Es igual. Luego te lo escribo.

—¿Tú escribes? ¿Escribes cartas?

—¿Cómo? —preguntó Sabi—.

—Nada, no sé lo que digo.

—Hace tiempo —respondió evasivamente Sabi—. ¿Sabes el cuento de la morena de verde luna?

—No. ¿Es bonito?

—De locos, más bien. Voy a intentar contártelo. Había una vez un tipo que iba a clases de francés, a la escuela de idiomas. Tenía un amigo en la misma clase, y este tenía una amiga, en la clase de al lado. Se la presentó. Para su amigo era una ninfa. A él le había parecido guapa, pero no tanto. Sin embargo —solo coincidiendo en los pasillos, saludándose, hablando lo mínimo— se fue enamorando de ella. Un día, ella se ausentó, y el hombre, inquieto, le preguntó a su amigo si la chica había dejado la escuela. Ya era un poco dependiente. Un día, armándose de valor, la llamó «morena de verde luna», porque un amigo, en el pasado, en vez de desearle una novia que no le entrara en la cama, le había deseado para él una «morena de verde luna». De ahí a empezar a escribirle cartas, era un pequeño paso. Antes, la abordó, un poco a las bravas:

«—Tú me odias, ¿verdad?

—¿Qué? ¿Yo? ¿Por qué?

—Te voy a meter en un lío, si te lo cuento.

—No me vas a meter en ningún lío.

—Me he enamorado de ti —le dijo, respirando hondo—.

—No te puedes enamorar de una persona sin conocerla, respondió ella, también después de respirar hondo.

—Sí, sí se puede».

—Y bien —añadió Sabi— pues ya no me acuerdo como acaba el tema.

—Cabrito —dijo Delia— tranquilo, el resto ya lo adivinaré. Tengo fuentes. Le escribió una carta. Tenía costumbres un poco pasadas de moda. ¿Qué le escribió?

—Tengo que hacer memoria, ahora no sé cómo sigue el cuento, qué le escribió. Quizás cuando tenga ganas de recordarlo…

Delia lo miró de esa forma que revela perspicacia, como una madre a un hijo después de pillarlo en una travesura, al interrogarlo.

—Quizás te traumatiza, lo entiendo —dijo Delia—.

—Alucinas. Voy a dormir. Déjame tu regazo, que me tumbo. Me lo debes, después de ser tu liebre.

—En tal caso, fui yo la liebre.

—No, fui yo, pero por detrás.

—De todas maneras, tengo que irme, tengo comida familiar. Mejor te acuestas en tu casa.

—Vaya, ahora que me estaba acordando del

final del cuento...

—Pues me lo escribes al correo electrónico.

—Y una leche. Bueno, te cuento el final. Cuando se murió el tipo de mayor, una mujer desconocida lanzó una flor sobre su ataúd.

—Si, hombre, la historia que repite Fon.

La vio mientras se alejaba, como dando pequeños saltitos, con sus pies en ángulo hacia afuera. Se le apareció su imagen caminando en un cortometraje, en el que había sido extra. Torcido y mirando algo de reojo. Delia parecía alternar el equilibrio entre un pie y otro, avanzaba el pie derecho, y, sorpresivamente, pegaba un brinco posando el otro.

Sabi decidió volver a recorrer el arenal. Se preguntaba entonces si la chica de la carta le había dicho que tenía novio —y él no lo había escuchado— o si no se lo había dicho. Entre esas dos posibilidades había rebotado después de alejarse de ella. Con frialdad, pensaría algún amigo, ignorante de la corriente interior agotando y dominando a Sabi. Eso era enfermizo, tal y como le había señalado otra persona. Esperaba el momento de la fundición de todo ese círculo vicioso, la aguja de la báscula dejaría de descender. Creía estar como una cabra, y en alguna ocasión se le escapó verbalmente afirmarlo, dejando perplejo a un transeúnte.

Otra persona decía no entender cómo podía afectarle tanto, si, en realidad, no habían llegado a tener una relación. La de verde luna era como una virgen, pura, sin mancillar. Sin mancillar por él, por supuesto, y no por su novio, ajeno a las románticas epístolas, pero no al cambio de la guapa de la luna del carajo debido a éstas.

Fueron cinco o seis cartas, en realidad. Sinceras, aunque no del todo. Nunca le dijo —ni lo insinuó siquiera— ese comentario que algún iluso se tomaba a coña, pues Sabi sabía que estaba enamorado de alguien si ensoñaba con el cunnilingus.

Más tarde, modificaría esa máxima, diciendo que era después del citado acto sexual, que sabía si estaba o no enamorado.

Sabi creía que, llegada una cierta confianza con alguien, no pasaba nada por proponer esas cosas, siempre y cuando uno estuviese realmente dispuesto... Y si te dicen que no, pues dices que te explicaste mal, o algo así. Entonces, pueden responderte clavándote la mirada, que debías explicarte bien. Había que dejarse de rollos y confrontar.

Ya era hora de volver a casa. Se había quedado un poco huérfano, al irse Delia.

Durante el paseo, se había dirigido mentalmente a ella, y eso le parecía mejor que haberle dado la chapa con sus historias sentimentales.

Mejor idea era contarle el cuento con mentirijillas. Esas tan obvias que hacen reír.

Oteando el horizonte

Delia se iba de vacaciones. Más tarde, Sabi admitió con pesar el error de no haber quedado en llamarla. Hubiera sido fácil entonces, pero ahora, dos días después, le costaba vencer la resistencia y hacerlo.

A pesar de tener ya una cierta confianza. En esas situaciones —como en la despedida de Delia— siempre se enfrenta a una contradicción: o hace caso a su primer pensamiento y da el paso marcado, o duda y se queda en suspenso.

¡Con lo fácil que hubiera sido llamarla un día, y tomar un café! Pero no... pudo más su falta de confianza, pensaba. Dos días después, llamarla le parecía una entrada a destiempo, llegar tarde, como en el fútbol. Paciencia, se dijo, me puede sacar una tarjeta roja. Nada de sorpresas, pensó. Debía intentar ser predecible: cuando un jugador hace algún regate de más, el pase no llega a su destinatario, el pase hay que darlo cuando hay que darlo, el regate hay que hacerlo cuando hay que hacerlo.

Pasaron más días. Jugueteando con la aplicación de ligar, vio que había caído algo en la red. Una red con unos agujeros enormes, por supuesto. Sabrina era una mujer independiente, con un trabajo de ensueño y una vida ordenada y plena. Una *rara avis*, pensaba, a juzgar por la gente que conocía. No obstante, en estos sitios pulula gente muy feliz, realizada. Lo llevan muy bien, todo plumas y lentejuelas. En su foto de perfil, un pelo castaño, bien cuidado, que bien se podía asociar a un rostro agradable.

«Abstenerse los que buscan rollos de una noche, o no tienen objetivos en la vida. Valoraré tus logros», decía el texto de la chica.

¡Al carajo! —se dijo—. «¿Qué tal un café en el centro comercial?»

Lo habitual era recibir una respuesta declinando la invitación, con faltas de ortografía para recalcar de modo efectivo lo fuera de lugar de la propuesta. Ya se había formado callo al respecto.

«Vale, pues. Sobre las siete sería buena hora».

Ya eran las siete. Pasaron quince minutos más. Treinta, cuarenta, una hora. Le envió otro mensaje.

«¿Algún problema, vas a venir?»

Le llegó una respuesta afirmativa.

Media hora más tarde, apareció por la puerta. Acalorada, entró en el café haciendo una semi-circunferencia hasta acercarse a Sabi, con unas maneras que a él le recordaron una embestida. Sabrina debía de ser rápida: al entrar enfocó su mirada hacia otras personas, con ese extravío típico de quien allana el espacio de un café concurrido. Pero captó la mirada de Sabi y se dirigió hacia él, levantando levemente un dedo, evadiendo señalarlo directamente, aunque por poco.

Al poco de sentarse, empezó a hablar, como un torbellino. Aceptó la invitación, por supuesto, porque ya se conocían. Era cierto, habían coincidido un par de años atrás en el cumpleaños de alguna amiga común, habían salido de marcha unas cuantas noches en grupo.

—Deduzco que no estás muy puesto en esto de ligar por internet. No se pide una cita con tanta prisa. Bueno, evidentemente yo no soy un ligue.

Además, no soy de rollos de una noche.

Estuvieron recordando anécdotas del pasado. Hasta el momento en que Sabrina —que en realidad era Eva— se desató, rompiendo el hilo, y empezó a hablar de sus anteriores parejas. No habían sido objetivamente guapos. Su última relación había comenzado un año después de la declaración de sentimientos del chico. Eva le estaba mostrando dos líneas rojas: nada de *affaires*, y, si te gusto, vete con calma.

Sin embargo, ya esas líneas las iba situando Sabi en un segundo plano. Bastaría un ambiente ligeramente propicio a la ansiedad —por ejemplo, un par de cervezas— para que la liebre saltara. Sabrina le gustaba, no era tan descabellado decirle algo.

Poco a poco, Sabrina iba metiendo al camarero en la conversación, distanciándose de Sabi. No era una buena señal. Al poco tiempo, Sabi asistía a la conversación entre los dos, observando la sonrisa triunfal del camarero.

Decidió irse, y Sabrina se despidió amablemente, emplazándolo —increíblemente— a quedar otro día. Sabi no lo haría, ese fue su primer pensamiento, aunque le respondió con un «de acuerdo», y se marchó con la sensación de haber compartido el tiempo con una extraña, y además, hostil.

La interacción en las redes sociales, reflexionaba, casi siempre había sido un añadido sin ventajas a la vida real. Una quimera. Y aun así, seguía participando de ellas. Las personas —pensaba Sabi— deseamos ser valoradas, admiradas por quien nos gusta. Nada de vaciles en la red ni de bromas que puedan parecer sarcásticas, burlonas. Solo se puede hablar en ese hueco dejado para el enamoramiento, sin hablar de amor. Confianzas, las justas. En la vida real, si hay interés, también una broma ingenua a destiempo puede destapar la caja de los truenos, en aquel o aquella que siente e interpreta el comentario como una ofensa. Parece haber siempre uno dispuesto a jugar, y otro nada predispuesto a encajar: más emocional.

Como le pasó con Marta... Eran unos niños, tendrían unos doce años. Él iba con un amigo, ella con una amiga. Al cruzarse, ella dijo:

—Dicen por ahí que el Asturiano va a llevar

fabada para la excursión del cole de mañana.

Sabi, el niño Sabi, encajó mal el golpe. Ni le gustaba el mote de Asturiano, ni eso de las *fabes*. Se consideraba algo más que eso. Se sintió avergonzado, minusvalorado. No le respondió, aquel día. Pero anotó la ofensa, rencoroso. Ella le gustaba, por supuesto, no obstante, con el tiempo, iba a devolvérsela. Inesperadamente para ella, nada consciente de haberle hecho daño. El rencor genera malas dinámicas. Poco después —ya consumadas venganzas en los dos sentidos— en un breve momento de tregua, ambos se mostraron simpatía:

—Sabi, estábamos charlando el otro día, y apareciste en la conversación, Marta dijo que, después de unos años, al fin te entendía.

No acabó ahí. Al terminar el curso, los alumnos se separaron. Dos años después, coincidieron en una discoteca. Sabi se acercó a ella con intención de saludarla, pero, cuando se cruzaron, ella estaba acompañada de un chico, y ambos se rieron con esa complicidad estúpida, pasando de largo. Otra vez lo mismo.

Pasó más tiempo, y volvieron a verse. Marta

no dejaba de mirarle, esperando un acercamiento, un saludo: así iba transcurriendo esa noche. Hasta el momento del gesto de desdén de Sabi. Marta lo acusó, se mostró dolida, en la distancia. Después de ese encontronazo, la brecha se hizo insalvable. El rencor —pensaba Sabi— también era caprichoso: exigía venganza, o desaparecía y se volvía sentimental.

Recordaba el primer día en párvulos, de pie en el autobús que habían donado los rusos, dueños de una compañía de transportes, al colegio de monjas. Lo habían anclado al suelo y reformado para dar clase. La monja había mandado a todos los niños sentarse en el suelo, cruzando las piernas, pero nadie entendía muy bien qué había que hacer. Excepto Marta, la primera en sentarse de tal modo, y a la que todos imitamos.

Hubiera sido mejor no haber hecho caso a esas tonterías, no ceder al rencor, pues, en el fondo, ese primer recuerdo del colegio debía haber marcado la pauta. Aunque Marta sea como sea, y tú, seas como seas... al carajo. Es una ironía, puedes guardar buenos y malos recuerdos de una persona sin imponerse ninguno definitivamente.

Pero el patrón se repitió con otras personas unas cuantas veces. Y las naves, en vez de arder, se quedaban por ahí, a la deriva, abandonadas, como si todas se hubiesen extraviado siguiendo el mismo rumbo. Si tuvieran la oportunidad de salir de puerto de nuevo, era bastante probable un término de travesía en similares latitudes.

Sabi se imagina encontrándose a Marta de nuevo. Obviando disculpas, para cambiar de realidad, habría que ser claro.

—Podíamos acostarnos, y dejarnos ya de vainas.

Fuese cual fuese la respuesta, las hélices quizá volviesen a girar.

Ruido de fondo

Se había dejado llevar por Sandra, de forma natural, perfecta. Pero en la cabeza de Mosqui, sin embargo, había pelea, tentación de apalancarse.

Sabía de lo estúpido de esa acción, pasarse los días fumando lo que fuera y bebiendo, no para celebrar alguna historia, sino para complacerse en la derrota: ese estado de flipar absorto, y dormir, y el puto ruido de fondo atornillándolo, aquel fulano tan afectivo con él, criticando a un familiar común, diciendo de este que no valía para nada, abandonado por su mujer por ser un desgraciado, sin sangre en las venas.

—Tú no hagas caso de lo que digan, tú eres un encanto —le había dicho una vez alguien—.

A Mosqui no le valían ya las excusas. Recordaba aquella carrera, siendo un chaval. No era mal corredor, pero no tenía experiencia en los 1500 metros. A mitad de carrera, aceleró, sacando una buena ventaja, pero en el último cuarto, se quedó sin fuerzas, exhausto, y perdió la ventaja y varios puestos en la carrera. El error no había sido el precipitarse, sino el no volver a intentarlo cambiando la estrategia. Sentirse avergonzado por haber perdido la carrera, por una errónea decisión, por no tener la información correcta en primer lugar, por no aprender después.

Vivía con la sensación de haber dejado todo a medias, de ser un conformista. Quería hacer algo, sin saber por dónde empezar, vivir con Sandra, dejar toda la basura a un lado, o aprender a convivir con ella, sin acabar metiéndose veneno por ello. Dejar eso para momentos especiales, no como rutina.

Después estaba Sabi. Había llegado a un buen entendimiento con él. Se preguntaba si sentía rencor, rabia por la vida en el barrio. Chelís, siendo adolescente, se había distanciado un poco del barrio, del colegio. Chelís decía haber notado una diferencia enorme con el colegio del centro de Vigo, pues, mientras aquí se premiaba entre los compañeros hacer el gamberro, desfasar en clase, no estudiar, en el nuevo colegio, tus propios compañeros te valoraban si eras trabajador, si tenías interés por algún tema.

Aquí se idolatraba a los más pasotas, y si además eran aplicados en el arte de mangar, eran como unos dioses para los típicos pelotilleros, pero acababan sintiéndose derrotados, cayendo en la mierda. Buena suerte si salían de ese agujero.

Será mejor, pensaba Mosqui, conseguir salir, no enterrarse. No pasaría nada nuevo, y eso sería descorazonador.

Tenía una pequeña pensión, utilizada hasta ahora para el alquiler de una casa vieja —compartida con un vecino del barrio—, para comer cuatro cosas y el resto para vicios. Se quedaba en casa de Sandra cuando ella le invitaba. La confianza en sí mismo, de momento, había mejorado, invadiendo un poco del espacio ocupado por sus dudas. En ocasiones se sentaba a fumar un pitillo en un banco cercano a la plaza, por las mañanas, y observaba a muchos conocidos pasar.

Uno de los habituales era el míster del equipo del barrio cuando Mosqui era un chaval, cuyas enseñanzas más fructíferas se basaban en *cagarse en todo*. Así, si un chaval fallaba un gol, por ejemplo, debía sufrir —o aparentar sufrir— un ataque de ira, para satisfacción del míster. Después, si acertaba, le decía, satisfecho de la lección aprendida por su pupilo: «ahora jugaste bien porque sacaste toda tu mala ostia». Luego, estos chavales crecían, seguían jugando al fútbol, pero mantenían la costumbre de *cagarse en todo*.

Era un tipo difícil, el míster. Como se decía socialista, centraba sus atenciones en hijos de trabajadores, dejando de lado a hijos de quinquis y de pequeños empresarios —grandes no había en la zona—. Pero la mala leche jugando se la transmitió a todos por igual. Y, por supuesto, el ser protestones con los árbitros.

En la trena, cuando jugaban la liguilla de futbito, el que hacía de entrenador —un antiguo jugador profesional— le dijo algo que puso en su lugar las enseñanzas del míster.

—Pareces sufrir cuando algo te sale mal, y en este juego, se debe insistir, no venirse abajo si no te sale un regate o si alguien te desborda.

El míster parecía mostrar interés en saludar a Mosqui. Para Mosqui era evidente, si quería dar el paso, que tuviera agallas. Se pregunta si no tendrá miedo, en contraste con su valentía de comeniños en el pasado.

Al final, se decía Mosqui, estamos los mismos cuatro *pintas*, deambulando perdidos por el barrio.

La vida en el barrio y de sus gentes había mejorado, pero aún quedaban algunos dinosaurios, ahora algo apaciguados. El Pepito, por ejemplo, siempre tirado. Mosqui había tenido una pequeña relación con una medio portuguesa medio francesa del barrio, y esta chica se paraba a hablar a veces con el Pepito.

—¿De qué lo conoces? —le había preguntado Mosqui en una ocasión, con poco tacto—.

—Pues ¿qué pasa? —dijo ella— somos colegas.

En una verbena, Pepito andaba dando vueltas con una cerveza en la mano, regando al personal a ritmo de pasodoble. Alguien se cabreó, y tiró al Pepito al suelo, cayendo éste a cámara lenta, como si todo el saco de huesos que era su cuerpo funcionara como una pluma frenada por el rozamiento con el aire.

Nunca se saludaron, Mosqui y Pepito. Pillando caballo al Carolo, Pepito era también un asiduo. Era entrar por la puerta de Carolo, y ya ver su cabeza asomándose, con esa mirada azul y ladeada, sin decir nunca una palabra. No debía de ser feo, aún esquelético y descuidado como estaba.

La semana pasada, le pidió un pitillo al míster. El míster le soltó un rapapolvo, pues el tabaco estaba caro y él era un trabajador, y no podía echarle siempre tanto morro. Escuchó la bronca, con la mano estirada por si después de todo el míster aflojaba un cigarro, callado, esperando pasar el trámite como quien espera que se abra el semáforo para cruzar. Al recibirlo, al fin, hizo un gesto, emitió algún sonido, y eso era lo más cerca de dar las gracias a que podía llegar.

Son como dos polos opuestos, pensaba Mosqui. El míster todo lo arregla a ostia limpia, el Pepito, con la indiferencia más absoluta. Y sin embargo, los dos eran hijos del mismo lugar. El *funo*, rebelde, con un carácter que lo llevaba al enfrentamiento. El otro, sumiso, creyendo que lo mejor era replegarse sin hacer mucho ruido y pasar desapercibido. Suerte tenía Pepito, las viejecitas le arrimaban por compasión de vez en cuando algún euro, como las mujeres de un marido cazurro con los hijos rebeldes, o deprimidos crónicos.

Así era. Muchos no podían evadirse del barrio donde habían sido pateados. «Aquí ya estaba el chollo hecho», debían de pensar. Ya se habían ganado su hueco. Como para irse a otro sitio y volver a la infancia. Y si alguien de por ahí afuera venía a burlarse de su barrio, estarían dispuestos a degollarlo o a ser degollados por él, como cuando en la prehistoria se enfrentaban a los de otras tribus.

Chelís era el mejor de los *pintas*. Al verlo en la distancia, Mosqui se sonrió, involuntariamente, casi intentando refrenar su expresión. Tenía ganas de hablar con él; desde la última vez, tenía guardados un par de temas de conversación. Tenía curiosidad acerca de la diferencia con estudiar en el centro de Vigo, ese choque de formas de vivir.

—Buenos ojos, fiera.

—Mosqui, ¿qué?, ¿cómo va todo?

—Pues la verdad... ando un poco barrenado. Siempre a vueltas con las movidas de cuando era más chaval.

—Agua derramada, hombre.

—Estoy medio flipado, echándole la culpa de todo al barrio, a la vida de hace veinte años. Y no me salgo de ahí.

—Mejor no darle mucha relevancia, te bloqueas. A un colega le pegaron más de una vez, de chaval, por hacer cosas infantiles, nada grave. Aquí la peña era, y muchos siguen siendo, muy ignorante. Pues este amiguete se pasó años devanándose el seso por los motivos de haber sido destinatario de unas pocas de ostias de gente adulta: por envidia hacía él y su familia, u odio por ser algo diferente, por su carácter contestatario, y solía tener arranques de rabia recurrentes por recordar lo mismo, siempre. Pasado un tiempo, encontró una solución al rompedero de cabeza: había ocurrido por azar, por haber estado en una situación, involuntariamente, en un lugar y en un tiempo donde ya de por sí había bastantes probabilidades de pisar sendas peligrosas.

—Sí, es verdad. Se siente rencor a los mayores abusones. De aquellos como tú, a pesar de las peleas, no guardas mal recuerdo, incluso te llevas de puta madre. Pero tu colega —con esa explicación, el azar—, ¿ya arregló?

—Oye, más o menos. Mira Mosqui, si explicas esas pequeñas desgracias por envidia, por un odio personal, es como si te hicieras un poco acreedor, si le dieras una justificación. No, tiene razón mi colega, él no había hecho nada, no se merecía ese trato. Problema del agresor, las razones, y su mala baba. El barrio fue así, ya no hay remedio, ni posibilidad de reparación.

—Puto barrio, a veces. Cuando fuiste a estudiar al centro, de puta madre, ¿no?

—Bueno, ni tanto. Me costó un huevo adaptarme. Aquí estaba acostumbrado a hacerme el chulo, en plan quinqui, pero la peña te conocía, al margen de aquella pose. Allí no. Allí se llevaba más la soberbia, en plan fino. También había crueldad. Tanto aquí como allí, lo mejor habría sido mantener la distancia con chulería: la del macarra y sus copias, y la del pijo popular con sus secuaces. No entrar en sus películas.

—No pudiste, ¿o qué?

—A las primeras de cambio ya me había metido en un jardín. Pero luego empecé a conocer a gente decente, y fui mejorando. Admiro a algunos tanto de aquí como de allí, que supieron mantener el tipo. No se dejaron arrastrar.

—Alguno conseguía estar a su bola, es verdad, sin llamar la atención. Pero ya te digo: gratis no solía salir, y no lo digo por pasta.

—Si un chaval de entonces, creciera hoy en día, me pregunto si viviría mejor.

—Hombre, es difícil de medir lo bien que uno está…y la edad también cuenta, hombre. Va también en el tipo de bicho, no solo en el ambiente. Igual hasta nos hemos olvidado de nuestras sensaciones de entonces.

—O nos hemos acostumbrado a nuestra locura, la llevamos de otra forma.

—Es que el mundo es una locura, hombre. Un mundo donde es mejor estar activo, no andar con desgana, porque de esa desgana alguien se va a aprovechar. Mal negocio. Si a ti no te importa el dinero, por ejemplo, puede venir un tipo y convencerte de su gran vida, su gran proyecto, y te quitará hasta lo que no tienes. Si no te empeñas en hacer lo que te gusta, igual le sirves de compañía a alguien en sus aficiones. Tiene que haber un equilibrio. Ni avaro ni eterno benefactor.

—Hay que dejarse llevar pero hacia donde uno quiere ir... Aunque bueno, ¿quién se va a aprovechar de un tipo acabado?

—¿Acabado? ¿Quién lo dice? Si lo dice uno de sí mismo, no suele ser así. Un tipo cualquiera cree que no tiene nada, ni interés ni valor para los demás. Pues de esos es de los que más se aprovechan otros.

—Me viene a la cabeza aquel comeollas de la banda. Un día te decía que valías mucho, otro se cabreaba contigo, te dejaba por los suelos. Y al final, sacaba tajada de todo: de los atracos, de la pasta que sacábamos moviendo, de lo que fuera.

—No solo esos tipos, Mosqui. Un día aparece un anormal cualquiera, se acompaña de cuatro voceras que dicen que es la ostia en verso, se postula como el Robin Hood, y... a poco que te descuides, diputado. Sin haberse embarrado nunca en la calle.

—¿Y aquel colega tuyo y del Sabi, el pintor?

—Es otra historia. Era un condenado. De papá, de mamá y de su abuela. ¿Hijo de puta? No, nieto, su abuela había sido madame de un prostíbulo. Su abuelo no lo condenó, solo le dijo cual podía ser su condena: «Serás un defensor de pleitos pobres». No, Armandina no es un vulgar manipulador.

—¿Condenado?¿De qué?¿Por qué?

—Cortó relaciones con su padre, no quiso volver a verlo, y se condenó a pensar en él durante más de 20 años, hasta su muerte. Lo odiaba lo suficiente como para degollar a cualquier persona que interfiriera de forma malintencionada con su padre. Cortó relaciones formales con él, pero seguían teniendo bronca, en la cabeza de Armandina.

—¿No le benefició alejarse de su padre, si siempre andaban con conflictos?

—No se liberó ni liberándose. En el fondo, no era capaz de no hacerle caso a su padre. Como si le exigiera una bondad paternal —que nunca llegó—.O como si en el fondo viera a su padre desdoblado, cuando solo había uno real.

—Suena a paranoia...

—No sé si es eso. Paso de usar esas palabras. Solo entiendo que Armandina tenía mucha imaginación, y modelaba al padre perfecto en su cabeza. Y con el tiempo... uno ya no sabe a veces quién es quién: si el padre real o el soñado. Los escritores, los pintores…. a veces parecemos unos inmaduros. Eso sí, un poco más conscientes de nuestra locura.

—¿Y tú cómo sabes eso?

—En realidad, no sé nada. Me voy haciendo una idea, cogida con hilos. Eso sí, Armandina hablaba en bastantes ocasiones de la relación con su familia. ¿Tú conociste a Canducho, que le llamaban el brujo de Cabral?

—Hombre, algo. Parecía legal.

—Pues este Canducho le dijo una vez a Armandina, con buena intuición, algo sobre una persona que debía apartar de su mente si quería romper su mala racha. Si se suma dos más dos, igual hasta acertó nuestro amigo el brujo.

—Su padre, a vueltas. ¿Qué le respondió?

—Se quedó pillado. Quizás le daba la razón, pero no podía ver sus relaciones familiares de otro modo. Cuando murió su padre, se quedó sentado frente a las ruinas de la fábrica de Álvarez, bebiendo Campari tras Campari, recordando cien mil cosas, de todo tipo, con él. Más adelante, volvió a ver a su madre, retomaron relaciones, pero no duró. Metió la pata al hacerle una jugada para pedirle dinero y ella no se lo perdonó. Sabi sabe de eso. En fin... por hoy del pintor, ya vale.

—Con mi experiencia en el ser humano —dijo Mosqui— resulta que fue cosa de Sabi siguiendo la estela de ese Armandina. Al chaval lo veo con sus colegas, y me digo, ostia, se lían sus petas con la supuesta elegancia del fumeta, ese ladear un poco la cabeza y mandar un pequeño escupitajo, colocar un chisme en una oreja, enseñar un poco la punta de la lengua, para pegar el papel, poniendo un ojo en la maniobra y otro en el colega de al lado, como escuchándole...son una puta copia de algo, pero no sé muy bien de qué.

—Cuando hacemos eso —porque nosotros también lo hicimos— siempre es de cara a la galería. Como si actuáramos. Como en una nebulosa. Nos sabemos observados, en nuestra imaginación, como unos quinquis atractivos, unos míticos, famosos reyes del rock del barrio. Añádele un par de saludos en plan colegas *guais*, algo de hermandad de sangre, un punto de falsedad en la mirada, la sabiduría del pillo desconfiado, y algún chaval más joven que hace de admirador... y estás aprobado. *Pa dentro.*

—Sí, como si todo fuera alucinante... y en realidad es aburrido de ostias. Y encima, estar en un grupo para, en el fondo, hacer de pardillo. Hacerle la corte a los más populares. Una puta mierda. Estar apalancado... ese era el estado habitual. No lo hecho nada de menos.

—Bueno, pero, en el fondo, es una forma de protegerse. De tanto habituarse a esa protección, acabas enganchado. Pero, con el tiempo, se va a la mierda, todos más solos que la una. Esa es una progresión: aprendiz, mítico, apalancado, tirado. O muerto, directamente.

—No todos. A algunos no les fue mal, con el tiempo. Buena vida, mujer, hijos, buen curro. Me pregunto qué pensarán de estas cosas, si lo echan de menos, o lo desprecian, o ni puñetera idea. Algún día me encontraré con aquel tipo, el líder de nuestro rebaño de míticos.

—Pues a ese pollo creo saber dónde encontrarlo. Un día de estos nos vamos al bar... al del «bardo de la comarca», que le llama Sabi. Le vamos a dar una sorpresa.

—¡Joder! ¿Y cómo no me lo dijiste ante?! Pon día y vamos.

—Hecho. Pero antes, vamos a planear algo. Llevo dándole vueltas a hacer una tontería. Y contigo y Sabi... igual me atrevo. Una venganza suave. La idea la saqué de Armandina.

—¿Qué pasa?¿Ese Armandina montó algún sarao?

—¡Alguno! Muchos —respondió riéndose, Chelís—. Pero esta historia fue graciosa: cogió un libro de Voltaire, le cambió portada y contraportada por otras con el emblema de la falange. Lo dejo medio a la vista. Lo vio su padre... y lo leyó encantado de la vida.

—Lo pilló en las patatas.

—Si, pero eso, en el fondo, no importa. Un padre que haga con su vida lo que quiera. Y un hijo también. Las ayudas son buenas, pero si alguien actúa egoístamente, y ve a su hijo con cálculo —para aprovecharse de la filiación, de ese vínculo natural de hijos con padres— va a hacer de sus hijos unos inútiles como él. Los hijos, lo mejor que pueden hacer es vivir su vida. Y mejor les iría a todos.

—Vale, ahora sí que te has ido, Chelís. Entonces, ¿qué se te había ocurrido?

—Pues ponerme una camiseta, con una bandera de Galicia, con la frase: «This land is your land», que es una canción de Woody Guthrie.

—Mira, por ahí viene Sabi, Buen fichaje. Vamos a ver qué dice.

Antes de que Sabi pudiera sentarse, Chelís ya lo abordó a bocajarro.

—Compañero, ¿qué?, ¿cómo vas con tus citas de enamorado?

—Lo suficientemente penoso como para que todo cambie a mejor, cabrito.

—¿Cómo va a ser eso, castigador? —preguntó Chelís—.

—Castigador, casi de rodillas. Ya falta poco para la compasión romántica de alguien.

—Esto no hay quien lo entienda, Sabi —dijo Mosqui—.

—Supongamos a un hombre recibiendo unas buenas calabazas. Y a una mujer —no la que las reparte, otra— observándolo, por cercanía o por azar. Pues es posible que, en una nueva situación, por una mezcla de cariño, compasión, o sabe Dios qué, esa mujer se muestre receptiva con el hombre.

—Y ese eres tú, claro, dijo Chelís.

—Puede ser, si paso la cuestión del fracaso con más o menos valentía. Si no se me da por anteponer mi orgullo.

—¿Cómo es eso? ¿Dices que el orgullo es una forma de cobardía? —preguntó Mosqui—.

—Bueno Mosqui... cuando alguien ha pensado en ti, o tú en alguien, hasta el punto de creer que entiende algo de su yo, te ve —o tú ves— con esa mirada. Esa que en las mujeres es inequívoca: mezcla de ternura, de melancolía romántica. Si el receptor va de machito y desprecia esa conexión, elude ese vínculo... Sí, creo que es un cobarde. Y que, en el fondo, adora su soledad, antes que enfrentarse a una posible relación.

—Joder, hombre... a mí no me ocurren así las cosas —dijo Mosqui—. Con Sandra, por ejemplo, no hubo nada de esas locuras. Le dais muchas vueltas...

—Piénsalo bien —dijo Sabi— antes del primer achuchón de Sandra, ya le habías dado muestras de tu atracción por ella. Inequívocas. Ella lo notó, te conocía, le gustabas, y ya está. Sabiendo que tú también le gustabas, no le pusiste ningún muro, le abriste las puertas, y ella decidió entrar.

—Ni tan fácil, aunque no me complico tanto como tú, eso sí.

—En fin, colegas, vamos al chollo. Sabi, ¿te apuntas a una incursión en un lugar donde el trigo no crece?

—¿Quieres decir dónde el bardo y sus acólitos? Aún rabeo contra él por el discurso cuando murió el amigo poeta. ¿Para qué queréis ir allí?

—Vamos de visita, a dejarnos ver. Mosqui tiene curiosidad por uno de los contertulios del bardo.

—No sé... —dijo Sabi—. Por ahí para un amiguete de vez en cuando. Si voy, es para saludarlo a él. Paso del bardo y su renovada guardia pretoriana, son unos rancios.

—Tienen derecho, hombre, son víctimas y se sacrifican por el ingrato y desorientado pueblo, sin contar con aquellos colonizadores, siempre jodiendo. Tú por ejemplo, un asturiano, ¡vete para tu tierra a hablar el bable! —dijo Chelís entre risas—.

—No se aburren de la misma cantinela...allá cada cual con sus delirios; para mí, mejor los míos —dijo Sabi—.

—Ya sabes... se necesita un apoyo para estar activo, para crear, aunque sea partiendo de premisas ruines. Pero acaban siendo unos aburridos. Se limita la creatividad —dijo Chelís—.

—Siempre hay gente dispuesta a reprimir, a mandar. Bien sea para decir que no folles, porque es pecado, o bien, para decir: «¡follad, *láparos*!, pero al compás de una *muiñeira*» —dijo Sabi—.

—¿No lo ves? Eres un puto desagradecido. Tienen mártires, sumos sacerdotes, gente dispuesta a sacrificarse, mientras tu recoges las nueces —dijo Chelís, señalando a Sabi, sonriendo con picardía—.

—Y que conste que mola follar con una *muiñeira* de fondo, claro hombre, da seguridad. Se repite siempre la misma historia: entras en un sitio, conoces a gente, congenias, y ya alguien suelta: «somos un grupo especial, la gente no es tan válida como nosotros, hay que transmitir nuestra buena nueva». Una mierda soberbia, nada humilde, y sobre todo, de gente poco honesta consigo misma. Antaño —y ahora igual también, pero en menor medida— el cura del pueblo tenía criadas y sobrinos, viviendo con él, pero pregonaba convencido acerca de la suciedad del sexo. Hoy en día, esa hipocresía ya está generalizada. Mejor voy parando. Debe de estar subiendo la luna, me estoy encendiendo de cojones. No sé fieras. Meterse por esos andurriales, es como ver una película de terror, de esas con muñecos poseídos —dijo entre risas Sabi—.

—Muy buena esa —dijo Mosqui—. Oye, a mi aquel pelado neonazi no me importa tanto. Si no quieres, no vamos. Cuanto más lejos de él, mejor.

—¿Lo ves? Como las películas de terror, si no las ves, no reparas en ninguna movida de espíritus durante años. Luego, ves «Annabelle», y te pasas una nochecita del demonio.

—¡*Arre demo*, Sabi! —dijo Chelís, soplando y ladeando la cabeza, como si hubiera escuchado algo ridículo—.

—Que sí, ostia, esa gente está en la ouija, si te metes por su redil, si los convocas, luego no hay dios que los despegue. Sabia decisión, Mosqui, si lo ves al fulano por la calle, te cambias de acera —dijo Sabi—.

—Pero estos viven, están, influyen, son una parte de la realidad —dijo Chelís—. De tanto mirar para otro lado, los bichos también se crecen. Y sin ser presuntuoso: decir algo en público, contrario a la versión de peña como el bardo —chupasangres recalcitrantes por necesidad biográfica—, influye. Lo dicho, si nadie les sopla, se crecen.

—Por desgracia, sí— asintió Sabi—. Si nos toca lidiar con esas historias, vale, ahí vamos. Pero, si se puede evitar... mejor ir a nuestra bola. No es bueno convocar villanías del pasado, ni del presente. Luego, si la sangre te hierve, de acuerdo, es mejor expresarlo.

Knut de la Armandina.

Castro de la Armandina, tiempo atrás —antes de ser desahuciado junto a su pareja Vera— se lo había dicho en confidencia a Sabi: «Vera me ve, si no disfrutando de nuestra situación ruinosa, transitando por ella con una cierta complacencia. Insinuó que, en el fondo, era yo quien buscaba —incluso deseaba— el estar como estamos».

¿Cuánto habría de verdad en esa acusación? —pensaba Sabi—. Quizás, si vivir era aquello mostrado en la literatura, Armandina buscase la clarividencia del personaje de «Hambre», el libro de Knut Hamsun, con todo el sufrimiento aparejado. O bien, pudiera ser un Eduardo, de la novela «Vagabundos», o una mezcla de Augusto y Eduardo, personajes insatisfechos con su vida, aventureros y desprendidos. Un Augusto guiado por sus pasiones y sus apetencias, tan proveedor de ventajas para personas cercanas, como de miserias para sí mismo, empujándole a más acción, a una huida continua y febril. ¿Estaría cansado, Armandina? Decía haber apostado por una forma de vivir, partida perdida —según él— en el tránsito.

Hablaba de su veneración por Knut Hamsun. Sabi no recuerda oírle nada respecto a la germanofilia de Hamsun en la época nazi. No obstante, reflexionaba Sabi, en los libros del autor noruego no había rastro de antisemitismo, sino, más bien, lo contrario. Tampoco en el pensamiento del pintor. Las afinidades estaban en otro lugar.

Sabi no es ignorante de ese lugar al cual nos conducen los personajes de Hamsun. En novelas de otros autores, el pensamiento de los personajes es claro, preciso, castrado, sin impurezas. Los personajes de Hamsun, realizan acciones absurdas, arrebatadas, irracionales. Si cada cual examinara toda la corriente de su pensamiento —no ya de un día, sino de una sola hora—, si fuéramos capaces de trasladar al papel todas y cada una de nuestras ocurrencias, repeticiones, impulsos violentos, reacciones afectivas, nos saldría... ¿Y si probaba el efecto Hamsun? Se trataría de centrarse un poco, y dejarse llevar por la corriente.

Eso lo hacía Armandina. Un poco después de beberse algo de vino, como era habitual. Cuando tenía los espectadores adecuados, su discurso hamsuniano los dejaba inermes, sin palabras. Escuchaban algo no del todo desconocido, pero que les dejaba a la luna de Valencia.

Siguiendo el hilo de tales pensamientos, Sabi comenzó a divagar, a transformar una vivencia dándole un estilo hamsuniano:

«¿Es una huida? La vida pasa, sin tiempo de mirar hacia atrás, de lamentarse de hechos remotos. Es el hambre, el malestar físico, la necesidad de una ducha, de un plato de comida caliente, de una cama con sus sábanas limpias. Es normal, al cruzarse con otra persona, verse —y seguir cada uno su camino—.

Percibió el desagrado de una mujer: inequívoco, instintivo. Ella estaba sonriendo, y al verlo, su expresión cambió repentinamente. Por un momento, quiso seguirla, detenerla y decirle: "lo siento, llevo una mala racha, le ruego disculpe mi aspecto, mi mirada invasora". Se sentó en un banco, sacó de la mochila el libro de la vida de Byron, de Maurois, lleno de migas, y lo abrió donde el poeta disparaba a las paredes de una casa. Lo cerró, y volvió sobre sus pasos. La mujer de antes estaba sentada en el césped del parque, con otras tres personas. Deseando una mirada más fraternal, quiso pasar cerca de ellos, ella se dio cuenta, y le señaló, riéndose. Pasó de largo, con la impresión de estar cojeando. Llegó hasta un banco, alejado del grupo, y se sentó, cerrando los ojos. El calor del sol, el cansancio, la humillación reciente facilitaron el primer sueño.

Notó dos golpecitos en un hombro, y se incorporó, sobresaltado.

—No eres tú el amigo de Juan?

—Pues... eh, me quedé un poco sobado, ¿no? Sí, ya me acuerdo de ti, sí.

—Pero, ¿cómo no me reconociste cuando nos cruzamos?»

Touché. Sabi se había acostumbrado a la voz de Hamsun, y esta ya formaba parte de su día a día. Cualquier vivencia —como la anterior— la leía en su mente, velada por esa voz. Era un juego satisfactorio, pero también, una maldición. No por barrer o enriquecer la personal forma de reflexionar, de ser más consciente de aquello que pasa por tu cabeza y por lo tanto más sincero con uno mismo. Estaba obligado a separar la creación del creador, pues este había apoyado políticamente a aquellos que llevaron al ser humano a sus cotas más inhumanas. Un lector apasionado e ignorante de tales afinidades, si fuera puesto al corriente, estaría dispuesto a buscar la mínima disculpa a Hamsun. Pero esta quedaría abrumadoramente aniquilada.

«No está enamorada de un asesino frío, ni de alguien que apoya de buen grado a un asesino cruel, sino de un individuo cuyas convicciones han llevado, vergonzosamente, hacia los asesinos... pretendiendo escapar de ellos».

Pero no se está enamorado del individuo, aunque se sienta afecto por sus obras. Las decisiones tomadas por el autor, son su problema.

En Sabi, esta cuestión afianzaba su ya asentado escepticismo. Se intensificaba aún más el parecido de alguno de los puntos más vergonzosos del apoyo de Hamsun a Hitler y ciertas actitudes exhibidas por figuras de la política actual, bien pertrechados en su cinismo. Pensaba en Hamsun como en una figura de chivo expiatorio —no exento de responsabilidades, por supuesto—.

Después de reflexionar, Sabi siguió con su divagación:

«Ahora comenzaba a recordarla. Desde aquel día con Juan, en un concierto, no la había vuelto a ver. Juan se lo había dicho: "es mi prima, la hermana pequeña, tú ya conoces a la mayor... bueno, ella es adoptada". Estuvieron junto a ella durante el concierto. Hablando algo de música, ella le preguntó si conocía a su hermana, y él le contestó que sí, que claro, que su hermana era muy simpática, que se parecían —y ella se sorprendió risueña— pero él quedó corrido por una vergüenza irracional, porque no eran hermanas naturales, y, queriendo arreglarlo sin necesidad, balbuceó intentando desdecirse, y las palabras le salían ahogadas, y sentía arribar los colores a su cara... De todas formas, algo debían de parecerse, pues las dos hermanas habían convivido un buen tiempo.

Pero la prima pequeña de Juan no le había dado ninguna importancia a lo ocurrido, más bien se había sentido solidaria con su azoramiento, y se había sonreído amistosamente.

—Vente con nosotros —le dijo la prima de Juan— te presento a mis amigos.

—De acuerdo, voy».

Le faltaban, a estas palabras, a su juicio, un punto más de delirio, de acción descontrolada y pasional, para ser de un discípulo de Hamsun vía Armandina. No obstante, se sentía algo contento después de recordar aquella anécdota con la prima de Juan.

Carta a Delia

Delia le envió un mensaje a Sabi:

«Pues resulta que me encontraba aquí sola, aburrida y sin plan vacacional, con un poco de gripe, y me acordé del cuento ese de las cartas, con el que me dejaste intrigada».

Estuvo tentado de responder: «Oh, vamos, querida, no toque usted ahí». Dejó el teléfono a un lado, y se recostó en la cama. Últimamente, pensando en aquello de las cartas, se le colaban dos palabras sacadas de alguna película: cruel y cobarde. Si la de las cartas tenía novio, y había aceptado la insistencia de un enamorado, tendría algún motivo. Pero Sabi, entonces —y quizás ahora también— no tenía la capacidad suficiente para aguantar una situación así. En el fondo, había actuado como un romántico pasional, en una idílica situación de pureza de sentimientos y modales cuya transgresión era moralmente injustificable. Los motivos de la deseada jamás los conocería. Les pasa a muchos jugadores de fútbol nóveles: se acostumbran a jugar en una parcela del terreno —digamos, en el flanco izquierdo—. Por efecto del juego, son desplazados a otro lugar, al centro, y, al llegarles el balón, se sienten faltos de confianza, paralizados por la novedad.

Sabi, después de declararse, esperaba ansioso una respuesta, de dos posibles. No hubo ninguna, a pesar de su insistencia. Ella, cáustica, burlona, relegaba tal tipo de respuestas a su adolescencia. Solo diría algo claramente: si él le enviaba más cartas, ella las aceptaría. ¿Para qué? Porque así alguien las leería.

Sabi estaba —y eso, como ella misma le decía, era cosa suya— desconsolado. Se retiró, como un relámpago, no tuvo la paciencia de deshacer aquel nudo gordiano.

Irónicamente, era la recepción de un «no», aquello que más le encajaba a Sabi. Como no lo recibió, se lo concedió a sí mismo, más severo que cualquiera de los que había recibido. Eres cruel y cobarde, le decía la mujer al hombre en la película…

«De acuerdo, dame un poco de tiempo para buscar la continuación» le respondió Sabi a Delia. Sin dejar a su pereza imponerse, se preparó un café y empezó a escribir. El texto para Delia comenzaba así:

«Mostrar sus sentimientos en las cartas enviadas había provocado en el enamorado pasar de la emoción al escribirlas al desconsuelo cuando la veía. Recibía de la destinataria su conformidad y contento por recibir todas aquellas palabras, a la vez de indiferencia por su persona. La tarde anterior a la determinación del escribiente, ella se había despedido de otra persona, afectuosamente, haciendo de él un espectador angustiado, mostrándose feliz y altiva en su caminar cual estrella de cine con alguno de sus admiradores. Sopesó la propuesta a realizar. Ella lo tenía en sus manos, como a un muñeco. Si, por alguna causa —en una demostración de fuerza y de falta de compasión— ella decidiera, teatralmente, quemar todas sus cartas, sería la muerte. De solo imaginárselo, se ruborizaba hasta la raíz de su pelo. Se sentía bajo su yugo, y eso no lo soportaba. No podía lanzar un órdago desesperado, ni mostrarse impaciente, pero algo debía hacer para cambiar las tornas. Al fin y al cabo, solo deseaba ver la realidad, y plegarse a ella. Quizás ella había aceptado recibir las explicaciones de un enamorado irracionalmente, cediendo a sus efectos halagüeños, y ello le había creado una adicción. Empezó a escribirle una nueva carta:

"Me pregunto en qué lugar ha quedado retenido mi carácter impulsivo. O bien alguna persona, o fuerza de la sociedad, lo aisló, o bien es propio de las gentes de perfil similar, el pasar de ser niños alegres y espontáneos a adultos serios y reflexivos. Mi naturaleza se ha bloqueado, pero pugna por aflorar. Me toman —quiero decir, debo de parecerte— una persona práctica y desapasionada. Sin embargo, sé algo. Ayer, me bañé en el río, desnudo. En un primer momento, dirigía la mirada a mi cuerpo. Después, dejé de hacerlo, y, debajo de una pequeña caída de agua, cerré los ojos.

Quiero hablar, pero no como habitualmente lo hago. En mi memoria cercana, rescato episodios donde soy espectador de mí mismo, y veo mi sonrisa sincera, y entiendo la fluidez de mis palabras.

Pero estas palabras, en el fondo, no son nada. Las cartas han velado aquella mirada —sensual, cercana y familiar—. La única verdad de todo este embrollo. A ti te gusta leerlas, pero es absurdo. Existo, detrás de ellas, tengo un cuerpo. Detesto mi papel en esta historia, aunque sea el responsable. Perfecto, tienes razón: no existe ningún vínculo entre nosotros, nada debes decir, ni hacer por obligación. Además, si se diera la situación —si por ejemplo, fuésemos a dar un paseo— caminaríamos como dos extraños. Aún no sé cómo me desprenderé de lo que sea que siento. Intentaré hacerlo de esta manera: voy a seguir escribiendo, pero me guardaré la continuación. Y dentro de diez días, la quemaré, si sigue en mis manos"»

En este punto, Sabi paró de escribir, y le envió el texto a Delia.

Un día después, Delia y Sabi recorrían la senda del Lagares en su inicio de Cabral. Delia, desde el primer momento del encuentro, se había mostrado agradable. Sabi, sin embargo, tenía la sensación de vivir un sueño reparador: un sueño en el que se besa, por ejemplo, a la persona deseada, con enorme dicha, para, al despertar, ser consciente de la irrealidad e imposibilidad de tal suceso. Llevaban el paso relajadamente, al nivel de la conversación. Pero quizás Sabi llevaba razón, y había gato encerrado...

—Tu amigo Chelís, ¿vivió siempre por aquí? —preguntó Delia—.

—Si, más o menos... ¿no te lo parece? —respondió Sabi—.

—Pues, es muy obvio, físicamente, parece medio árabe —dijo Delia entre risitas—.

—Quizás... según me contó, en una rama de su familia, tenían un antepasado con la misma tez. Esa parte de su familia era de cerca de Bragaña, de la Raya. Se lo preguntas cuando lo vuelvas a ver, sabe mucho de la gente originaria de su pueblo, de los símbolos inscritos en algunas de sus casas.

Alternando conversaciones y silencios, pasaron el camino del Folón, por detrás de las ruinas de la fábrica de loza, subieron por la cuesta de Bastos, Manuel Álvarez y la vieja avenida de Madrid, hasta tomar el desvío para Bembrive. Pasando Segade, tomaron el camino hacia la subida de Gándara. En el camino, antes de llegar a Beade, se pararon en un puente sobre un regato.

—Sabes Delia, cuando tenía catorce años, hice este mismo trayecto... pero al revés, con un amigo. Una de esas pequeñas aventuras de chavales.

—Pues, ¿Cómo se os dio por ahí?

—Mi amigo, Ilde, estaba enamorado de una chica de Beade. Había un autobús cuyo itinerario pasaba por el paseo de Alfonso, nos subimos a él y, al llegar a Beade, bajamos y nos pasamos un par de horas dando vueltas por los alrededores de la iglesia. Pero, contrariamente a las fantasías de Ilde, no nos encontramos con la chica.

—Un poco absurdo, ¿no?

—Sería, pero el recorrido, las risas entre Ilde y yo, la caminata de vuelta bajando por la cuesta de Gándara… Vigo es un lugar para recorrer, si quieres conocerlo. Más bien, casualmente, si te encuentras en esta ciudad, vas creando vínculos con todo su contorno.

Recordaba el abuelo de un amigo, casi con noventa años, cuando se acercaba la fiesta de San Cosme, cómo iba él año tras año, de joven, y siempre estaba allí una joven, la misma, y siempre le miraba con ojos de enamorada. Puedes pensar mucho, llegar a conclusiones brillantes, y seguir aun así dando más importancia a detalles en apariencia nimios, como que alguien te diera la mano, en tu niñez, inesperadamente.

—Muy bonito— dijo Delia, adoptando una expresión que pretendía ser aduladora, pero parecía burlona—.

Esa ambigüedad en el gesto de Delia no pasó desapercibida para Sabi. Pero consideraba, sin ninguna duda, mejor provocar picardía y no aburrimiento, indiferencia.

—De acuerdo, es un poco cursi —concedió Sabi—.

—No, no, es genial, me gusta. Mientras no pases de lo sentimental al hachazo, como en la historia de las cartas…

—No sé nada de hachazos —respondió Sabi,

sorprendido—.

—Como no era correspondido, el individuo se escapa. Como la zorra, con las uvas.

—No iba a recibir las mismas calabazas eternamente. Además, ¡tú qué sabes!, en el texto que te pasé, aún no ha ocurrido la fuga.

—Luego, hay fuga…

—Me estás liando —dijo Sabi, sintiéndose un poco acorralado—.

—No me extrañaría que ella fuera muy guapa… una mujer deseada.

—Eso no cambia nada. ¿No podían ser verdaderas las emociones del chico? ¿Insinúas que era un ambicioso, por querer relacionarse con ella?

—Eso no lo sé. Sin embargo, se aprecian muchas dudas, falta de confianza... es posible que él notara de alguna forma esa cercanía, pero esa falta de seguridad evidentemente complicaba mucho la historia —afirmó Delia—.

—No obstante, quemará el final de la carta. Ya te lo adelanto para que termines tú la historia

—dijo Sabi—.

—Con eso no resolvería mucho, pienso. Si es verdad que estaba tan pillado por ella, le costará olvidarse. Vale, quema la continuación de la carta. Él tampoco es mal parecido, le supongo un cierto atractivo. Un poco *cocón*, pero de vez en cuando, alguien se le muestra receptivo.

—Si, pero como es un puritano, cualquier posible nueva relación sería como una infidelidad hacia la otra. Ya sabes, el cuento, no tan pasado de moda: «Cómo podía estar tan enamorado de mí, si hace eso?». Como «el perro del hortelano».

—Pues amigo, deberá ser práctico. Un día, coincidirá con alguien, dirá desapasionadamente las palabras que en principio iban dirigidas a su antigua enamorada, esta nueva persona le permitirá ser divertido, no el desesperado romántico que era, y, si ha aprendido a aceptar lo bueno que la vida le ofrece, se acabarán para él las angustias. No me vengas con las habladurías de cotillas, no se pone la vida en la mano de cotorras. Además, si la causante de sus afanes dijera eso, pues que hubiera espabilado —dijo Delia—.

—Eso sería un bonito final, —dijo Sabi, con

escepticismo—.

—Te voy a poner otra continuación, a tu gusto, bien clara: como el tipo de las cartas estaba angustiado realmente por no poder hacer y dejarse hacer ciertos juegos, al desistir y cesar de intentarlo, se quedó con unas ganas descontroladas de sexo. Primero probó a masturbarse como un loco, fantaseando con su amada, pero como esas imágenes que evocaba también llevaban aparejada una cierta frustración, desistió. Después, como buen suicida, rechazó el acercamiento de una chica. Por último, se dedicó durante un par de semanas a frecuentar prostíbulos. Finalmente, en vez de quemar la continuación de las cartas, con la rabia acumulada, se las comió.

Al terminar de hablar, Delia, involuntariamente, pero liberando tensión, soltó una breve carcajada. Sabi intentó también reírse, pero junto a su «jaja» notó como casi una lágrima rondaba por su ojo derecho.

—Mira, Delia, el papel ardió, pero de mutuo acuerdo entre los dos. Un día, la chica se acercó por la espalda del potencial pirómano, y posó las manos en sus hombros. Cogió su mano y le propuso dar un paseo. Fue honesta, fue humana. Él se dejó llevar. Ella reconocía la rareza de la situación creada, y le transmitió su preocupación. Se quedaron un tiempo sentados, en silencio, la mano de uno en la del otro. Después, se despidieron.

—No está mal —reconoció Delia—. No sé cuánto de verdad hay… algo, supongo.

—Yo tampoco —zanjó Sabi—.

Llegando ya a Beade, se dirigieron hacia el mirador cercano a la iglesia, donde, apoyados en la barandilla, se quedaron en silencio mirando hacia la ciudad.

—A veces, ves el mar, y te preguntas si en él vive algún pez —dijo Sabi—.

—Y ves todas esas casas y edificios, y te preguntas si ahí vive alguien —dijo Delia—.

—Se trata de, o bien tirar la caña, o de sumergirse en el agua, para comprobarlo.

—De pasear por las calles y por los barrios —añadió Delia—.

—París existe. Es más, cuando paseas por la

calle Mouffetard, por ejemplo, si se te ocurre preguntarle a alguien algo en francés, curiosamente, también te responden en el mismo idioma. Muy extraño. Primero, aprendes a hablar francés. Después, confrontas con la realidad.

—Le dices algo a alguien, o se lo sugieres —dijo Delia— algo relativo al amor, y todo empieza a girar… Y normalmente, esos giros te marean. ¿Tú eres un poco mareado, ¿no?

—¿Y eso?

—Yo soy intuitiva, Sabi, lo mío es la acción. Me parezco más a Mosqui, tu amigo. Pero te entiendo de alguna forma, hasta cuando me acerco un poco y tú te pones tenso: te mareas. Soy un poco bruta, de acuerdo, pero eso no significa no conocer a las personas.

—Pues ahora no estoy tenso —replicó Sabi—. Más bien, relajado.

—Vale, como quieras. ¿Seguimos con la ruta de tu amigo, el enamorado?

—Podemos bajar en autobús hasta el paseo de Alfonso. Desde ahí habíamos salido.

Una vez llegaron al paseo de Alfonso, cuando

ya cada uno, después de despedirse, enfilaban caminos opuestos, Delia, inesperadamente, se dio la vuelta, diciéndole a Sabi:

—Oye, Sabi, ¿y si a ella, la de las cartas, en realidad todo aquel culebrón le hubiera parecido una nadería, algo sin importancia?

—Fuera como fuera, creo que hizo lo correcto —respondió él— dentro de tantas incorrecciones menores.

Chelís y la caza del lobo

En la aldea de Chelís se iba a hacer un homenaje. El personaje homenajeado sería el bardo del pueblo, por decisión mayoritaria de las fuerzas culturales patrias. El bardo, gran erudito, siempre aclamado por sus discípulos, sería el símbolo de todos. Aun cuando en la aldea de Chelís, Bragaña, habían sido encontrados y celebrados —inscritos en piedras seculares por sefardíes—: el candelabro de siete brazos, en un pilar de la casa de Rebordecanes y el árbol y las puertas almenadas, tallados en el dintel de la entrada de la casa del indiano Ovidio, en la calle del Rabochucho.

Chelís sabía del antisemitismo del bardo, pero también de su enorme jeta en eso de apropiarse del patrimonio de todos para su causa. Por desgracia, o bien sus discípulos miraban hacia otro lado, o lo seguían ciegamente. Se enemistarían con un amigo de la niñez si el bardo les sugiriera lo inapropiado de esa relación:

«Usted, camarada, con su elevada cultura e ideales, no debería de estar con tales sujetos».

Es penoso —pensaba Chelís— la dependencia de tantas personas valiosas, con una obra y un trabajo detrás, hacia alguien como él...

Sin embargo, asistirá al evento, aunque a distancia. La presencia del bardo junto a sus secuaces y zalameros, supondrá una molestia considerable. Pero seguirá su instinto, prevalecerá la imagen de su amiga, aceptará su invitación.

Coincidieron en una cola del ayuntamiento. Nunca antes habían hablado. Se habían visto repetidas veces en un local de conciertos, ahora cerrado. Chelís la recordaba sentada, flanqueada por dos fieles acompañantes, lanzando esa mirada de soslayo, entre seductora y perspicaz.

El día del ayuntamiento, se situó, con naturalidad, detrás de ella. Observando fugazmente su espalda, su pelo rizado, la reconoció. Después, ella se dio la vuelta, mostrando sorpresa, con esos grandes ojos azules por primera vez apreciados de cerca por Chelís, desviando la mirada de este al sobre que llevaba, alternativamente durante dos veces, como si siguiera un péndulo de hipnotizador.

Se saludaron, vagamente. Era la primera vez. Luego, Elvira, aludió al lugar de conciertos, preguntando a Chelís si era de allí de donde se conocían. Hablaron un poco de las buenas noches pasadas allí, de música, de todo un poco. Después, tomaron un café juntos, y Elvira le propuso asistir a un evento, cuya acción discurriría, sorprendentemente, en Bragaña, la aldea de Chelís. Pasaría esos días en su aldea, pero no quería saber nada del homenaje.

Chelís acababa de constatar una de esas verdades escondidas en las películas francesas —por ejemplo, esas donde ocurren situaciones inverosímiles—. Si dos horas antes hubiera ensoñado con una situación como la recientemente vivida con Elvira, le habría parecido una fantasía. Con más razón, pensaba, cuando recordaba un episodio de unos meses atrás: se había cruzado con Elvira en un pub en compañía de un grupo de amigas. Todas —incluida ella— con apariencia de *niñas bien*, de antiguas alumnas de un buen colegio de pago. Aquel día, Chelís había notado una clara hostilidad, la tensión reflejada en su rostro al verlo. En el momento, lo relacionó con sus críticas en internet —publicadas en una página común— al himno del nuevo partido apadrinado por el bardo, del cual Elvira formaba parte. Pero eso, pensaba, sí podía ser otra de sus fantasías.

El viernes de esa misma semana Chelís apareció en el «Thais», después de haber hablado con Elvira.

El «Thais», además de café, era una librería de segunda mano y de venta de cuadros, láminas y objetos de antigüedades. El dueño del local, aficionado a la pintura, admirador del libro de Anatole France cuyo título había puesto de nombre al café, había dibujado a la cortesana de Alejandría. Ese cuadro ocupaba la posición lateral de la tarima de conciertos, desde donde Thais observaba —con bondad— a todo aquel que lo deseara.

Cuando llegó, Elvira estaba escribiendo, parapetada entre un piano y una gramola.

—No quisiera frenar tu inspiración —dijo

Chelís, a modo de saludo—.

—Quizás sueles hacer lo contrario de lo que quieres — respondió Elvira, sonriendo—.

—Bueno, pues, no quería interrumpirte, pero, en fin... no podría sentarme contigo si no lo hiciera.

—¿Y quién te ha dicho que podías sentarte? —dijo Elvira, mientras acercaba una silla hacia Chelís—.

—El ejercicio de la escritura te vuelve más locuaz, se nota.

—Pues precisamente, estaba escribiendo algo para la historia de Bragaña, alguna idea para la fiesta.

—Mira por dónde, llevo dándole vueltas a una performance. Como vuestro amigo el bardo es algo así como el último lobo solitario, podría aparecer escapando de todos esos codiciosos de su envergadura moral y de su riqueza cultural... Desnudo como un buen salvaje. Hasta terminar acorralado en el antiguo foso del lobo, donde, aguerrido, con todas sus lorzas en movimiento, haría frente con valentía a las guadañas del invasor.

—¡Muy bueno! —rió con ganas Elvira—. Eso no lo aceptaría él ni borracho. Lo tomas por tonto.

—Lo tomo por un fraude con ínfulas.

—Es un referente. Si se le tiene en cuenta es por algo —dijo Elvira algo más seria—.

—Ni siquiera respeta a las nuevas generaciones. Os mandaría a sus fanáticos a la mínima rebelión. Recuerdo su discurso en el funeral del poeta C.: «Hoy en día no hay nadie en esta tierra con la altura poética de C.» —había dicho el bardo—. Para homenajear a alguien, necesita criticar a otros, irónicamente, también posibles admiradores de C. Mira, Elvira, lo que el bardo-fraude quiso decir, en el fondo, es que no hay nadie tan bueno como él. Es un estafador.

—No te calientes, hombre —dijo Elvira, con una media sonrisa—.

—Piensa en la historia de Thais, por ejemplo. El bardo es como el eremita puritano al acecho de adeptos a quienes convertir, lo cual supone, le otorgará grandeza, sumisión de aquellos que *ilumina*. Merece un final como el acaecido al eremita. No entiendo cómo no lo mandáis al guano.

—Oye Chelís ¿no habrá en todo eso una rivalidad personal con el bardo? —dijo Elvira—.

—Eso ya se me hace difícil de responder... lo reconozco, también tuve mi época mesiánica, ¡pero era un chaval! Hoy en día no voy de especial, ya hace tiempo... ahora me parece que entonces vivía cristianamente, ¡y me consideraba ateo! Un ateo lleno de supersticiones, de iluminaciones.

—Ya, ya me contaron algo de esa época tuya— dijo Elvira, casi sin querer—.

—Pero, ¿quién te dijo? —preguntó Chelís, para al momento relacionar el cotilleo con un conocido común de ambos y contestarse a sí mismo—. Nuestro amigo el músico.

Tal músico solía hacerle una fiesta a Chelís cuando se encontraban, lo cual no le impedía soltar alguna frase venenosa a sus espaldas, como posiblemente había ocurrido con Elvira.

—Eras un peligro público —dijo burlonamente Elvira—.

—Ni de coña... y pagué las consecuencias, aislándome.

—¿Qué hacías? —preguntó Elvira, apoyando

los codos en la mesa, con las manos en sus mejillas, mientras adelantaba la cara hacia Chelís—.

—Nada... y algo. En el fondo —y en eso no he mejorado— andar como un sonámbulo. Un ateo, un rebelde cuyas máximas eran las de la religión, cumplidas como el más puro de los locos. Crearme como un artista que desprecia todo lo material: sin desear ni un buen sueldo, ni luchar por comprarme una vivienda, un buen coche... sin hacer viajes, ni tener pareja.

—¿Sin pareja? Eso no me lo creo. Se habla algo de tu pasado sentimental…

—Grandes falacias. Pero me ocurría, solía rebelarse algo. Aunque fuera un inseguro patológico me decía a mí mismo: «de acuerdo, mi situación es algo desastrosa, pero aun así tengo necesidades afectivas pidiendo su satisfacción».

Elvira, después de las palabras de Chelís, cerró los ojos, arrugando la nariz, mientras echaba un pequeño soplo de aire.

—Desde luego —dijo Elvira— si deseas impresionarme, no sé si esas confidencias son las apropiadas.

—¿Y por qué querría impresionarte?

—Porque yo te gusto, ¿verdad?

Chelís, sin mostrar duda, respondió.

—Si, me gustas.

La respuesta, si bien en el ánimo de Chelís había sido clara, sufrió una transformación una vez filtrada por Elvira, mostrándose esta esquiva, pasando a una expresión circunspecta. ¿Había estado jugando, sin medir las consecuencias del juego? Notando su azoramiento, Chelís intentó bajar la intensidad:

—Como contertulia de café, se entiende.

—Hombre, claro —dijo aliviada Elvira— necesitas a alguien que te dé un poco de caña.

—¡Cómo se ve al bardo por ahí detrás! Oye, ¿no pretenderás reeducarme para la causa?

—¿No serás tú, y estas proyectando en mí tus intenciones?

—¿Mi causa? La desconozco. Me gustaría actuar, hasta cierto punto, más irracionalmente, mejor dicho, más inconscientemente.

—Para mí eso es imposible…tengo mis convicciones.

—¿Antepones tus convicciones a tus deseos? No lo creo, si estas son originales, tuyas, ¿no deberían coincidir?

—Nadie me manipula, si eso insinúas.

—Sin embargo, aquí me tienes, criticando a tu gran mentor.

—Debes de ser una anomalía... o, en el fondo, eres de los nuestros —dijo Elvira—.

—«Lo nuestro», «algo nuestro». Las ciruelas, decía uno de tus colegas, eran algo «muy nuestro». El bardo es un gran especialista en apropiarse de toda clase de inventos, canciones, y poetas para su causa, reivindicándolos como «muy nuestros». Sobre todo, si esos poetas ya han muerto, y no pueden mandarlo al carajo. La sociedad es más compleja, no puedes reducirla a una causa tan selectiva. Una palmadita en el hombro, acompañado de las palabras: «yo a ti te considero válido, eres especial».

Después de hablar Chelís, una voz grave, flotó en el silencio, irrumpiendo en la conversación.

—Quizás, viejo amigo, nuestra amiga hablaba de pasar un tamiz antes de decir algo, para evitar ser procaz.

Por un momento, Chelís se quedó bloqueado, al reconocer esa voz, las reminiscencias de una antigua inseguridad intelectual dejaron su mente en blanco. Titubeando, consiguió rehacerse. Se levantó, al igual que el nuevo contertulio, el cual, mostrando iniciativa, extendió los brazos, esperando la correspondencia de Chelís, respondiendo este con un abrazo forzado.

Llegó hasta mi un rumor... tu nombre apareció en una esquela...

—Ya sabes, el viejo truco.

Chelís presentó a su amigo Castro de la Armandina a Elvira, la cual, sonriendo, le ofreció asiento, preguntándole si llevaba tiempo siguiendo la conversación entre ella y Chelís.

—Tengo que disculparme, ciertamente, por haber sido tan indiscreto... en todo caso, me pregunto —pues no lo sé— si no estáis, o estuvisteis, necesitados de un guía espiritual, al cual os ofrecisteis. Bueno, y si es así... ¿esperabais encontraros con un mentor bondadoso? —dijo

Armandina—.

—Tú, por ejemplo —dijo Chelís— fuiste la bondad detrás de una apariencia de canalla…

—Hay una diferencia importante —dijo Armandina sin inmutarse— entre ser un personaje de la canalla, ser un canalla... o simplemente parecerlo.

—Sabes, Armandina, le he dado unas cuantas vueltas a aquellos años…

—A veces —dijo sonriendo Armandina— también yo recuerdo alguna de aquellas historietas, y me alegran.

—Siempre fuiste muy selectivo eligiendo... porque historietas patéticas también las vivimos —dijo Chelís —.

—Os dije entonces, a ti y a nuestro amigo común Sabi, algo acerca de no recordarme por mis miserias...

—Vale, hombre, ya estamos. ¿Puedo hacerte una pregunta?

—Por supuesto —dijo Armandina—.

—Dadas dos personas, una con más experiencias en la vida, para que la relación entre ambas no sea un fracaso, la menos experimentada, ¿debería seguir viviendo al margen de los consejos de la otra, o debería borrar sus ideas y seguir a la voz de la experiencia?

—Considero, amigo Chelís, que una persona debe afianzarse y hacer caso a su intuición, a sus propios —hasta cierto punto— razonamientos.

—¿Y qué tal hacerle un poco culpable de su inexperiencia? Manejando bien la situación, la parte con más bagaje conseguiría un admirador incondicional.

Armandina, asintiendo, frunció el ceño, tomándose su tiempo en responder.

—En el fondo, lo reconozco, soy un maleducado. «The end», de Los Doors —dijo cáusticamente Armandina—.

—El lío freudiano— intervino Elvira, aflojando la tensión entre los dos antiguos amigos. Papá se portó mal, ¿no?

—Nuestra amiga es rápida, las coge al vuelo —dijo Armandina, un poco más relajado—.

—Antes de aparecer usted —dijo Elvira—

nuestro amigo común Chelís estaba criticando al bardo, supongo que sabrá de quien hablo. Me pregunto —mejor dicho— os pregunto, si el rencor mostrado por Chelís al bardo, sin apenas conocerlo, no será, en realidad, rencor hacia otra persona... presente en esta mesa.

—El rencor —intervino Chelís— es como el agua, busca siempre la mejor salida para fluir, en eso tienes razón. El lío freudiano quizás encaje con Armandina. Con el bardo es una cuestión indirecta, pues como bien dices, no he tenido trato con él.

—Eso de una cuestión indirecta, no lo dirás por mí, ¿verdad? —dijo Elvira—.

—No por ti, pero sí por muchas personas preñadas ideológicamente de las bardadas. Repiten su discurso y por eso no simpatizaré nunca con él, pues su discurso es miserable. Antisemitismo, victimismo, anticapitalismo, xenofobia —todo ello repetido dogmáticamente como una religión—. Al parecer, la sociedad premia a este mamarracho porque vive a cuerpo de rey. Y si no comulgas con él, te aíslan. Mucha historia con ser crítico, rebelde, y resultan ser más dogmáticos que nadie.

—Amigo Chelís —dijo Armandina— coincido contigo, el bardo ha creado a su alrededor una casta en el ambiente cultural.

—Sin embargo, al margen de ello, tú, por ejemplo, Chelís, puedes publicar tu obra con total libertad, y si no lo haces, es porque te acojonas. Deja al bardo y dedícate a lo tuyo, que es lo que hacemos muchos. Después, si quieres, vete a buscar bulla por ahí.

Armandina, sonriendo, felicitó a Elvira por sus palabras.

—Siempre has sido un vago, Chelís —dijo Armandina—.

—Pues, como te insinuaba antes, tú no fuiste de mucha ayuda. Arrasaste con todo y me llenaste de inseguridad. Verte en la ruina, tanto psicológica como económica, resentido y furioso, dando sablazos en todas direcciones...

—No estaba en un buen momento, lo reconozco. Pero nunca es un buen momento, eso también te lo dije. Si esperas —y en eso le doy la razón a Elvira— a tener el estado óptimo para emprender algo, te vas a estancar. Deja de ponerte excusas. Me pones a parir si quieres, pero no te dejes ir…

—Me está gustando esta conversación —dijo Elvira— es una pena que sea ya tan tarde, pero bueno, siempre se puede repetir, ¿no?

—Estaría encantado —dijo Armandina—.

—Pues te puedes venir con nosotros dentro de dos semanas, a la aldea de Chelís.

—Perfecto, me vendrá bien respirar aire de la sierra —dijo Armandina—.Genial —respondió Elvira—. Bueno —añadió mirando hacia Chelís— ¿me acompañas hasta mi barrio?

Después de intercambiar números de teléfono con Armandina, Elvira y Chelís salieron del «Thais». Chelís parecía un tanto contrariado, quizás por la invitación de Elvira a su antiguo amigo.

—La va a montar en Bragaña, eso seguro. Acabas de contratar a un genuino peligro público —dijo Chelís—.

—Pues mejor —dijo Elvira— me gustaría asistir a una lucha de pesos pesados, como intuyo puede ser la de tu amigo y el bardo.

—Son diferentes, pero parten de un mundo parecido. Armandina, del partido comunista. El bardo, según él, también. Admirador de la Cuba de Castro, quisiera copiar ese modelo en este terruño. Con represión autóctona con idénticos resultados de control. Pero Armandina, a pesar de ser un puñetero desastre, tiene más sentido crítico, y, sobre todo, si está equilibrado, más humanidad.

—¿Sabes, compañero Chelís? —preguntó Elvira— hablas de una forma impecable. Eres un crack de la teoría, lo reconozco, incluso del razonamiento. Es tu fortaleza, se te ve muy seguro. Pareces el monstruo del castillo. Pero, a la hora de la verdad, no sé, no sé.

—¿Cómo?, soy claro como el chocolate espeso, compañera —dijo Chelís con cierta ironía—.

—Dices que te gusto, pero después no paras de darme la matraca. Desde luego, es posible, dices la verdad, pero luego te escondes detrás de tu *intelectualidad*. ¿Quieres hacerme reír, o llorar?

—No es una cuestión de intelectualidad, es hablar de mí nombrando a otros… hablar de mí directamente me parece poco interesante, la verdad.

—Ya estás otra vez como una vara, eres un cabezón crónico. Di algo tuyo, cabezón, ¿ crees interesarme por tu sapiencia? Vale, algo sí, pero esto es otra cosa, chaval.

La claridad de Elvira, en vez de avivar la naturalidad de Chelís, lo dejó bloqueado, pues no encontraba palabras para hablar. Por un momento, la miraba, con los ojos bien abiertos fruto de su estupor, sin saber por dónde salir. Intentó excusarse, precipitadamente.

—Vale, de acuerdo, pero la conversación iba por ahí...

—¿Ves el final de la calle, en la intersección con Urzaiz? Pues por ahí vivo yo, debemos estar como a 8 minutos andando. Te voy a pedir algo. Durante el trayecto, deja de hablar, solo vamos caminando, tranquilamente.

Mecánicamente, la cabeza de Chelís buscaba alguna frase, algo para hacer frente al silencio. Consiguió contenerse, sin decir palabra, echando de vez en cuando alguna mirada hacia una Elvira tranquila, un tanto ausente.

Al llegar al cruce, Elvira se paró, ladeándose hacia Chelís. Hizo una observación sobre las mangas raídas de la cazadora de Chelís, y, como por arte de magia, ambos se encontraron con las manos enlazadas.

Don Afonso Airas

Para la fiesta en Bragaña, se iba a celebrar una reunión del equipo organizador con los demás miembros del partido. La cabeza visible, Don Afonso Airas, próximo a recibir un pequeño homenaje, presidiría dicha reunión.

Sería —anunciaba Don Afonso— nada más que una pequeña alusión a su persona, dada su aversión a las grandes solemnidades, que consideraba harto inmerecidas.

No obstante, sus acólitos, acostumbrados a su bien trabajada humildad, diseñaban una buena fiesta, sermón incluido.

Elvira, en el día de la reunión, se debatía sobre la ropa a vestir. Su estilo era, habitualmente, más bien parco, poco dado al uso de cualquier prenda exaltadora de su sensualidad. Era una mujer de gran atractivo, pero nunca se prodigaba demasiado en acentuarlo. Estaba el vestido negro interrogándola. Lo había comprado impulsivamente, después de probárselo y sentirse satisfecha. Nunca, sin embargo, lo había vestido fuera de su casa. Una vez lo intentó, y le había parecido excesivo. Sin mangas, el vestido se frenaba en sus axilas, muy cerca de donde aparecían sus pequeñas tetas, con ese pliego que no dejaba de sugerir… y sus caderas, empezaban quizás tan arriba, de una forma tan voluptuosa: sentía vergüenza.

Tenía el largo abrigo, el cual, dado un previsible tiempo frío, no desentonaría. Creía no dar importancia a posibles rumores y comentarios sobre ella, pero, en realidad, se comportaba evitándolos. Falso: no los evitaba, aunque ella se sentía a resguardo.

Al fin, se lo puso, frente al espejo, satisfecha. Quizás el casi beso con Chelís fuera el motivo de su nueva confianza.

Subió a su coche, reviviendo involuntariamente el carnaval anterior y su exitoso papel de Jimmy Hendrix. Aguardó unos segundos, viéndose en el espejo retrovisor, saboreando la extrañeza, la excitación.

Cuando llegó a la sede, saludó a alguno de

sus compañeros y ocupó un asiento más bien alejado de la tarima, donde tres sillas esperaban a ser ocupadas por Don Afonso Airas, su fiel amigo y colaborador Don Delmiro Varzim, y doña Mucha Ribeiro, concejal por el partido en el parlamento.

Un Don Afonso taciturno no había perdido la oportunidad para mirarla desde su llegada. En ese lapso de tiempo necesario para habituarse a un nuevo espacio y sus personas, Don Afonso había seguido con la vista, quizás no muy disimuladamente, a Elvira. Si una tercera persona hubiera seguido el desplazamiento de su mirada, con poca dificultad, sabría perfectamente el objeto hacia el cual Don Afonso se orientaba. Si estuviera muy cerca de él, podría estudiar, en el rostro del maestro, los efectos causados por la visión de tal objeto. Tal observador, si estuviera poco habituado a la lectura de expresiones, bien podía deducir un cierto enojo en Don Afonso. Sin embargo, tales deducciones pronto se verían desplazadas por otras, al elegir Elvira su asiento, quitarse ese largo abrigo, sonreír a sus vecinos, doblar un poco las rodillas, de espaldas al proscenio, colocar el abrigo en el respaldo y sentarse con el cuerpo ladeado hacia la persona a su izquierda, todas ellas acciones de Elvira con el radar apagado. Elvira creía poseer una cualidad de dudosa efectividad, la de percibir continuamente cuando alguien la observaba.

Estaba ya, después de esos minutos, situada. Don Afonso, sentado en la silla de la tarima, le mostraba su perfil, posición fácilmente modificable. Elvira volvió a levantarse, pues no estaba del todo cómoda, y el caballero de la tarima aprovechó la ocasión. Elvira, al verlo, quiso saludarlo, pero Don Afonso le ofreció nuevamente su perfil.

Tal actitud no producía en Elvira ni asombro ni irritación, pues estaba acostumbrada a los juegos de Don Afonso Airas, gran cabeza de la formación: nuestro venerado bardo. Ocurría, en los últimos tiempos, una cierta rebeldía hacia la figura del bardo. Nuevas fuerzas de la formación, deseaban darle una apariencia más moderna. Eso suponía soslayar paulatinamente a Don Afonso Airas, el cual ya sospechaba las verdaderas razones del homenaje.

Por ello, el bardo —siempre tan dado a separar a los verdaderos camaradas de los traidores— comenzaba a sentirse injustamente tratado.

Consideraba a Elvira una persona leal, no tanto por sus desmanes ideológicos o sus correrías, sino por el afecto y admiración que creía recibir de ella. Desgraciadamente, y eso sí lo sabía Don Afonso, nada es eterno, y los diez años en que la tuvo a su lado, tan rutinarios en principio, habían dado paso a la más hiriente de las melancolías.

Después de las presentaciones de rigor, procedía Don Afonso a comenzar su intervención, y así lo hizo, de esa forma tan característica. Alternaba un discurso en voz baja, con los ojos en dirección a la mesa, hacia abajo, con breves sacudidas, enfáticas y amonestadoras.

Mientras hablaba, percibía el contorno del pelo de Elvira, a quien, interiormente, dirigía el discurso, deseando su admiración.

Era confuso. Siempre lo había sido. No desde el principio, se fue formando poco a poco. Se había hecho adicto a ella.

Su discurso no tenía nada de novedoso. Don Afonso decía lo esperado. Había llegado ya al manido tema de la servidumbre, debida, por supuesto, a las injerencias externas. Introdujo una nueva variante: cargaba contra esos compatriotas, muy dados, en estas épocas tan pobres, a dejarse influenciar por, entre otras, la imperialista literatura anglosajona del siglo XX y, más gravemente, de los autores actuales. No citó nombres. En ese momento, una Elvira sonrojada, se levantaba de su asiento, haciendo levantarse a sus vecinos de butaca, y se dirigió fuera de la sala.

Don Afonso, intentando sofocar la excitación al observarla, prosiguió un poco más su perorata para, a los dos o tres minutos, ceder la palabra a Mucha Ribeiro, la cual, siempre emocionada, jaleó a los camaradas al aplauso.

Elvira, mientras tanto, en el cuarto de baño, buscaba un imperdible en su bolso. Recordó, riéndose de su azoramiento, el porqué de no haber usado nunca el vestido que llevaba. Era pequeño, el descosido. Lo cubrió con el abrigo al salir. Un fastidio, pues se sentía a gusto. Se pondría el abrigo, y asunto solucionado. Encontró el imperdible, pero le molestaba. Acabó tirándolo al cubo del papel. Se puso el abrigo y salió del cuarto de baño, recuperada. Al salir, un detalle volvió a quitarle el sosiego. Un Don Afonso titubeante merodeaba por las inmediaciones. En pocos segundos, un impulsivo Don Afonso se acercaba a ella.

—Ya ves, salí a tomar un poco de aire, estos actos me asfixian —dijo Don Afonso—.

—Ah, sí, se entiende, yo también necesitaba despejarme un poco —dijo Elvira llevándose involuntariamente una mano hacia sus caderas, levantando un poco el abrigo, dejando al descubierto un indicio carnal de sus caderas, por el lugar del descosido—.

—No sería por mis palabras —dijo don Afonso en tono de disculpa—. Me dejo llevar por la pasión, ya sabes... eso de los ingleses, bueno, mejor los irlandeses, algo mejor. Aquí lo hacemos, quizás no mejor, pero es nuestra expresión, de siempre... Te queda muy bien ese vestido, aunque yo soy de algo más sobrio, pero contigo... bueno, en fin. Por cierto, pronto nos vamos a Bragaña, ¿no?

—Sí, allí nos veremos. Ahora, si me disculpas, me encuentro un poco mal, casi me voy a retirar a mi casa.

—Pero espera, mujer, aunque, si no te encuentras bien... pero puedo pedir una aspirina en recepción, o algo, y luego te vas, si quieres…

—No, no te molestes, dando un paseo se me pasará, además, seguro que hay gente dentro esperándote...

Impulsivamente, Don Afonso se llevó la mano al bolsillo, sacando su móvil —en el que no tenía nada que mirar— y se quedó mirándolo unos segundos. Luego, añadió, de forma sorpresiva:

—Si me disculpas, Elvira, tengo que volver adentro, hasta luego entonces.

—Hasta luego.

Don Afonso, se dio la vuelta, aún sin levantar la cara de su móvil, y se perdió por la puerta lateral de la sala, con andar de sonámbulo.

Tercera parte

Monja en Bragaña sin combinación

Maite, la *monja* amiga de Sabi, no estaba embarazada, como él equivocadamente había supuesto. De aquel encuentro habían pasado ya un par de meses, y ella no había encontrado el momento de hacer una visita al bar de Cabral donde Sabi paraba. Cuando lo conoció, habían congeniado rápido; llevaban tiempo coincidiendo en los mismos locales nocturnos, pero la inaccesibilidad de Sabi había siempre dificultado una mínima conversación.

Una noche, en el pub «Coltrane», Maite estaba charlando con conocidos comunes. Se saludaron con Sabi, vagamente, y él permaneció cerca, como amparado cerca por su presencia. Maite, por una extraña conjunción de deseo y azar, se encontraba de espaldas a él, casi rozándole. Un tipo pasó entre Sabi y ella, y le hizo a este un comentario —que Maite alcanzó a oír—, acerca del olor de su pelo, y de la explosión sensual que le provocaba. De reojo, mientras Sabi respondía distraídamente al hombre, Maite notó como ambos sonreían. Como ella estaba hablando con un conocido mutuo, cuando el hombre embriagado se hubo distanciado, se dio la vuelta, interpelando a la vez a Sabi y a su contertulio.

—Pero mira a este... que cara de amargado y de aburrido tiene —dijo Maite—.

—Para nada —dijo Sabi— estoy siendo feliz.

Con ese comentario, contradictorio con el aspecto taciturno de Sabi, Maite rompió el hielo. A partir de ahí ambos conversaron, a ratos, pero con interés. Fue el primer paso y, poco a poco, Sabi empezó a parecerle interesante, en mayor medida en tanto en cuanto alguna de las películas y libros que él nombraba, le gustaban.

Recordaba, de camino a Cabral, aquella noche en el «Coltrane».

Hoy estaba en la terraza, con un amigo.

Sabi miró hacia ella mostrando una expresión, a ojos de Maite, entre la desconfianza y el sarcasmo. Maite se frenó unas décimas de segundo, para seguir avanzando hacia él algo trastabillada, pero reafirmándose en su acercamiento.

Este capullo era perfectamente capaz de hacerle el vacío. Pero ya no podía echarse atrás, iba a enfrentarlo, y que pasara lo que tuviera que pasar.

Se frenó en seco, a su lado, exhortándole a pronunciarse.

—¿Qué? ¿Tú qué tal? ¿Cómo lo llevas?

—Pues... más o menos —respondió a secas Sabi—.

Pero esa era la forma de Sabi de ser solícito, igual que sus sarcasmos hacia las personas afines, con intención lúdica, aunque en muchas ocasiones conseguían el efecto contrario. Por fortuna para él, Maite lo sabía, y se sonrió con la respuesta.

—Me debes un café, y veo una silla libre —dijo Maite—.

—Adelante —respondió Sabi—. Aquí el amigo Mosqui y yo estábamos ultimando una escapada.

—Ah, bueno... entonces os vais en breve —dijo Maite. Mientras se sentaba—.

—Sí, nos vamos en un par de horas, a pasar

el fin de semana en un pueblo de la sierra, a Bragaña.

—Caray... llego en mal momento, entonces...

Sabi pensó en invitarla. Si esperaba demasiado, la idea perdería frescura y el impulso inicial —si es que lo había— se disiparía también.

—Puedes venirte, Maite, vamos a ir una buena pandilla.

—Hombre, no sé, así, tan precipitado...

—Para nada, mujer, además tu eres una experta en eso de interaccionar... Solo serán un par de noches de cultura patria, y de días disfrutando del río de Bragaña.

—Bueno, por lo menos necesitaré un par de mudas —objetó Maite, esbozando una sonrisa—.

—Nada, te esperamos, pilla algo por casa.

De eso ya habían pasado veinticuatro horas. Volvían a ser las diez de la mañana y Maite se encontraba sola, con un palo, siguiendo un sendero en medio del monte, en dirección al río, a una poza donde bañarse. El día anterior, con todo, al menos no había sido aburrido. Se sintió violentada en varias ocasiones, y turbada después del lance entre Chelís y los suyos y la tropa de Afonso Airas. Luego apareció el Mosqui, y la situación se calmó. Se había plantado delante de Delmiro Varzim, sin soltar palabra. Delmiro, que hasta entonces se había mostrado el más gallito, palideció como si hubiera visto a la Santa Compaña. Al parecer, ambos se conocían, pues ese Delmiro, en el pasado, había sido cabecilla de una banda callejera, de las más agresivas de los 80. El tal Delmiro era muy corpulento, hasta sus nuevos compañeros de lucha actual se quedaron inmovilizados al ver a su líder aterrorizado. Los pocos pelos de su cabeza se habían puesto de punta.

Luego apareció la novia del Mosqui y, cogiéndolo del brazo, lo atrajo con ella. Esta chica, Sandra, le dijo a Maite lo que había vivido de adolescente. Mosqui era amigo de su hermano, y una pandilla la tenía tomada con él. Una vez, estaba Mosqui presente cuando aquellos lo estaban apaleando. Se acercó el Mosqui hacia el más bruto, el cual se sonrió burlonamente. El sonido del cabezazo lo tenía grabado Sandra, no le apetecía oírlo otra vez. Seguramente, tampoco el Varzim de marras.

Después, los ánimos se calmaron, aunque a Afonso Airas, aún se le podía ver, desde la distancia, braceando y gritando quién sabe qué sobre fascistas, mientras Menchu Ribeiro, emocionada, lo acompañaba. Airas daba patadas al aire y golpeaba con la palma abierta en la mesa donde se había dispuesto el micrófono para el discurso.

El evento, ahora malogrado, había empezado en la plaza de Bragaña. Un grupo de rock amenizó el acto, cantando las mismas monsergas que contaba su amado líder. Este, sentado, con las manos enlazadas, escuchaba la música con una gran dignidad, flanqueado por sus incondicionales Menchu Ribeiro y Delmiro Varzim. Habría unos 50 asistentes, a los que habría que añadir las tropas de asalto amaestradas de Delmiro.

Un poco alejados del evento, estaban ella con Chelís, Sabi, Sandra, Delia, Mosqui, y dos mareados, un tal Pepito y Castro de la Armandina.

Acabado el acto, al grupo se unió Elvira, la amiga de Chelís. Estaban todos aparentemente tranquilos, tomando algo y hablando. Maite solo conocía a Sabi, pero no le notaba gran cosa. Como si fuera al despiste, el tal Afonso se fue acercando, lanzando miradas esquinadas hacia Elvira, en la misma dirección de Maite, lo cual la obligaba a mirar hacia otro lado cada vez que ocurría.

Cuando Afonso estaba a unos cinco metros, Armandina se levantó y se dirigió a él con un tono de voz grave, que bien podría interpretarse como una orden, si no fuera por una serie de gestos serviles y sumisos que suavizaban el mensaje.

—Don Afonso, por favor, siéntese aquí con nosotros, le estaríamos muy agradecidos.

Don Afonso entornaba los ojos, intentando re-cordar al personaje que le hablaba, pero accedió, entre honrado por la invitación y receloso.

—Gracias, señor mío, pero, no obstante, trátame de tú, sin ningún problema —dijo Don Afonso—.

—Si me lo permite, Don Afonso, tengo por costumbre dirigirme a los demás con educación —dijo Armandina—.

Un Afonso levemente contrariado, farfulló algo por lo bajo, dirigiendo rápidamente su atención hacia Elvira, al otro lado de la mesa.

Pero Armandina no estaba dispuesto a soltarlo.

—Han elegido ustedes un buen lugar para la celebración —dijo— no en vano es un sitio donde confluyen símbolos de diferentes culturas. Pero bueno, Don Afonso, según usted, que es un grandísimo erudito, ¿no deberíamos decir, que todo es cultura, sin diferenciaciones?

La interpelación cogió un poco a traición a Afonso, haciendo un esfuerzo por responder.

—La verdad —dijo Afonso— tengo una visión más depurada de este lugar, donde hay muchos símbolos, pero no todos de igual valor para nuestro pueblo.

—Curiosamente —dijo Chelís— reconozco tener una gran confusión a ese respecto. No sé si el criterio para diferenciar los símbolos válidos de otros, obedece a un mandato de una ideología o, por el contrario, a la propia historia del lugar y de sus gentes. A veces, tengo miedo. Algo me recuerda a los subnormales que destrozaron

Bamián.

Don Afonso Airas no deseaba en absoluto hablar ni con Armandina ni con Chelís, se sentía incómodo, por lo que intentó acabar la conversación.

—Bueno —dijo Afonso— eso son temas de los que hablo claramente en varios de mis ensayos. Les recomiendo la lectura de «Castros y castrismos en nuestro país».

—Así lo haré —dijo Armandina— le agradezco la información, pues a mí, como al filósofo aquel que fabricaba lentes, me interesa comprender, sin alegrarme ni enfadarme con mis paisanos.

—Aquí —sentenció Afonso— paisanos hay pocos, y luchadores, somos los de siempre.

—La gente es muy ingrata —dijo con sorna Chelís—.

Don Afonso, apretando los labios, dirigía una mirada hierática a su compañera Elvira.

—Elvira —llamó Afonso— si te apetece, bajaré con Delmiro, sus chavales y Menchu al foso del lobo, necesito un poco de actividad.

Armandina, al acecho, intervino.

—Eso es estupendo, Don Afonso, podemos acompañarles, Chelís es de aquí, puede hacer de guía.

—Se lo agradezco —dijo Don Afonso— pero desearía hacer este paseo con mi gente —quiero decir, con los más allegados a mi persona.

—Hombre, por supuesto —dijo Armandina— no era mi intención suplantar a tan excelsa compañía… ya hemos visto a los chavales: ni Calígula tenía una guardia tan fiel.

—Nada, nada, de eso nada —dijo Don Afonso—. Estos rapaces no son ninguna guardia, usted está faltando al respeto tanto a mis amigos como a las convicciones íntimas y profundas de cada uno de nosotros.

—Mis más humildes disculpas, Don Afonso —dijo Armandina— y me alegra saber que alguno de sus acompañantes, como Delmiro, se ha pasado haciendo un giro de 360 grados de sus ideas, por decirlo de alguna forma, intolerantes con el mestizaje, al sano nacionalismo abierto que usted abraza.

—Mire, eso que dice es una vil infamia —respondió Don Afonso—.

Chelís, reconociendo la figura de Delmiro Varzim cerca de allí, se aprestó a llamarlo.

—Señor Delmiro, por favor —dijo Chelís levantándose y haciendo la señal de saludo—.

En el mismo momento en que un disgustado Don Afonso se levantaba, se acercaba Delmiro Varzim, seguido de una decena de jóvenes bien pertrechados de simbología bardiana.

Chelís y Sabi alargaron sus manos hacia Delmiro, el cual no se puede decir que apretara, más bien colocó su mano sobre la de ellos, dejándola caer muerta. Armandina, percibiéndolo, se levantó también hacia él, cogiéndole la mano con fuerza, sacudiendo a un sorprendido Delmiro.

—Nos preguntábamos —dijo Sabi— y posiblemente estemos equivocados, si usted perteneció a un grupo llamado «la banda de los japoneses», y si a usted no le llamaban en aquel tiempo el Globos.

—Evidentemente —dijo Delmiro— están ustedes confundiéndome con otro. Disculpen las molestias, pero he de acompañar a Don Afonso.

—¿Y de mí? —intervino Mosqui—. ¿No te acuerdas?

—En absoluto, caballero —respondió inmóvil Delmiro—.

Pepito, el colega del barrio, se dirigió hacia Delmiro.

—Dame un pitillo, Globos —dijo con un hilo de voz Pepito, extendiendo la mano y quedándose inmóvil a su lado—.

Uno de los chavales de la tropa, que ya había asistido a la conversación nervioso, le dio un empujón al liviano Pepito, llamándole piojoso. Empezó con ello un cruce de insultos, capitaneados por Delmiro, mientras un enervado Don Afonso se dejaba conducir por Elvira, dócilmente, hacia la tarima usada en el acto. En el momento más tenso, Mosqui se plantó frente a Delmiro Globos, y el grupo de asalto, todavía amenazante, comenzó a dispersarse.

Fervenza dos caes

Aún estaban frescos los acontecimientos en la cabeza de Maite, y estuvieron acompañándola en el paseo. Sabi realmente no había sido un buen anfitrión, pero ella sabía manejarse: tenía una habitación propia, y se movía con agilidad entre el grupo de recién conocidos. Se había levantado temprano y, aunque en un primer momento no tenía pensado hacer senderismo hasta la poza llamada del alemán, al no encontrar ningún bar abierto, se fue encaminando hacia ella.

No llevaba bañador —Sabi no le había mencionado esa posibilidad— pero pensaba, al menos, refrescarse un poco. Un cartel anunciaba que quedaban unos 500 metros hasta la poza.

Eran aún las 10 de la mañana cuando llegó. Estaban la poza, y la cascada de agua, en sombra, y la temperatura era fresca. A Maite, algo acalorada por la intensidad de su caminata, le pedía el cuerpo un baño. Se desvistió con naturalidad y comenzó a entrar poco a poco en la poza. Entre la cortina de agua y la pared de roca quedaba un hueco, y Maite se dirigió hacia él. Allí se recostó sobre una piedra resbaladiza, medio sumergida. El agua le golpeaba las piernas, salpicándole el pelo hasta empaparlo por completo. Con las manos, recogía agua y la dejaba caer sobre su cuerpo, en una rutina que se repetía, relajada.

El día anterior había visto a un Sabi feliz, aunque no sabía si aquella felicidad se debía a su atención, a la de Delia... o quizá a la de alguna otra persona. Pudiera ser que estuviera contento sin que nadie en particular lo alegrara, pero Maite tenía sus dudas: cada vez que tanto ella como Delia se separaban de él —digamos durante unos quince o veinte minutos— volvía a asomar el Sabi taciturno. No era un castigo, sino el simple azar o la deriva del momento; se quedaban separados y él no lograba retomar el hilo con nadie.

Ese era su problema: no sabía responder, decir las cosas a las claras. La noche en que ella se había ido con un ligue, dejándolo a dos velas, ella no había sido consciente en un primer momento de lo que él pudiera sentir. Evidentemente, nada bueno. La semana siguiente, en vez de decirle sin ambages que le había dolido, había esquivado el conflicto, lo cual había conllevado posponerlo. Era típico de él, mucho darle vueltas, pero en el fondo, no ir al grano. Debía de ser que tenía miedo: miedo al sexo, miedo a ella. La comparaba con Gala, cuyo insaciable deseo sexual era reverenciado. Tal comparación, irónicamente, podía delatar un temor hacia la sexualidad de Maite... sin ni siquiera haberla comprobado. Afirmaba desearla y, después, se quedaba paralizado.

Unos cien metros río abajo, Armandina, sentado con las piernas hasta las rodillas en el agua, observaba en la distancia, extasiado, a Maite. Estaba viviendo algo similar a un *déjà vu*. Maite, desnuda en el agua, era la perfecta recreación de un cuadro pintado por él, donde aparecía la silueta de una mujer entre fondos acuáticos y celestes con distintas tonalidades de azul.

Lejos del ángulo de visión de Maite, Armandina observaba intermitentemente, cogiendo agua con las manos para mojarse la cara, restregarse los ojos, lanzar otra mirada furtiva. Después, cerró los ojos, esperando una muerte liberadora, llorando su deseo voyerista. Para él, practicar nudismo era sinónimo de intimidad, y no quería violentar el baño de Maite. Se desvistió, a regañadientes, pues el agua estaba fría, y se metió en el agua, nadando de forma ostensible para llamar su atención. Lejos de sentirse intimidada, Maite, al verlo, levantó una mano a modo de saludo, llamándolo. Después del delirio, Armandina volvió a revivir con la voz de Maite.

Lejos de allí, un apesadumbrado Don Afonso, partía de Bragaña a pie hacia el foso del lobo. Un perro, tumbado a la sombra del mediodía, levantó la cabeza a su paso. Llevaba un collar y un trozo de cadena rota, la cual campaneó al levantarse. Don Afonso, conciliador, melancólico, dejó al perro acercarse, hablándole en voz alta.

—Urco, buenos días, esperaba tu compañía. Vamos juntos a realizar el último viaje, déjame ya oír tus terroríficos aullidos —dijo Don Afonso, haciendo ademán de acariciarlo sin acercar la mano demasiado—.

Urco y Don Afonso ya eran dos siluetas en el alto de Rebordecáns cuando Elvira los divisó desde la plaza principal. Sin darse mucha prisa, empezó a seguirlos a distancia.

Don Afonso proseguía en su charla con Urco.

—Un paisaje desprovisto de vegetación, casi marciano, de piedras desmoronadas y bolos de granito erráticos por todo el contorno, este es mi camino al inframundo, hermano Urco, pues ya te puedo llamar así. Nos llevaremos hasta el foso de tu primo lupus, el suelo se hundirá allá donde, antaño los lobos eran capturados. Me guiarás por debajo de la tierra, entre acuíferos, ya transformado tú en Urco de las tetas arrastradas, o en raposa del Morrazo. Y tu ladrido agudo, lejos de estremecerme, me llenará de energía. Pasaré por debajo del Lérez, al mar, a Carril, a la isla de Cortegada. Pasaremos bajo la entrada, en cuyo marco, leeremos la inscripción antigua: «Devuelta será la esperanza, a todo aquel que cruce esta puerta». Llegaremos a la luz, y nuestra patria reluciente emergerá.

—Pero mientras tanto —añadió Don Afonso parándose y ladeándose hacia Urco— un poco de agua fresca y un dulce de estos típicos de Bragaña nos vendrán bien.

Desgajando el dulce, lanzaba hacia un Urco solícito algunas migajas de dulce, pero el perro, después de olisquear y pasar la lengua al dulce, volvía su mirada hacia Don Afonso.

—Come, Urco, hijo —dijo— nos queda un largo camino, jalonado por las charlas con aquellas almas errantes que encontraremos. Veré a mis viejos camaradas, que, evanescentes en su medio, me susurrarán palabras reconfortantes. De los otros, los traidores, haré oídos sordos a sus súplicas. Del lago emergerán sus cabezas, pidiendo clemencia, pero este humilde anciano, Urco, no tiene el poder de deshacer sus equivocaciones. Dieron la espalda a la verdad, a la lucha por el paraíso terrenal, a todos sus camaradas, dejándose ir por caminos pedregosos. Se dejaron llevar por el perfume del vil metal, capitalistas, sin saber que el vil metal llegaba hasta nosotros, los luchadores, por otras veredas. Más intrincadas, por supuesto, pues del proselitismo de nuestro amado y expoliado pueblo vendrían los cuartos a nuestros bolsillos, para gestionar sus miserias, otorgar el acceso a la única cultura válida: la lucha contra su ignorancia.

—Que es también la nuestra, Afonso —dijo Elvira, que se había acercado sin ser advertida—.

—¡Gloria de la doncella descarriada! —dijo sobresaltado Don Afonso—. No sé si alegrarme o hundirme por la presencia de su señora.

—No te lo pienses, tú vive el momento, y luego si eso pasa el filtro —dijo Elvira—.

—Pues, haciendo sondeo de mi interior, este momento es bastante agridulce —dijo Don Afonso—.

—Nada tan gratificante como el falso reproche, y qué deleite el expresarlo y no murmurar uno para sus adentros —dijo Elvira—.

—Ya tengo aquí a Urco para expresar mis cuitas —dijo Don Afonso—.

Elvira se acercó despacio al perro, el cual, solícito, se le arrimó moviendo el rabo, lamiendo su mano derecha.

—Buena compañía es el perro, también la de tus congéneres. Cada uno en su sitio —respondió Elvira—.

—No se aprecia arrepentimiento en tus palabras, ni dolor por la afrenta de tus nuevos camaradas —replicó don Afonso—.

—No tengo camaradas, eso es fabulación tuya, Afonso —dijo Elvira—. Esperaba que les ibas a seguir el juego, a argumentar sin hacerte el señorito intocable.

—Te olvidas —dijo Don Afonso levantando su dedo índice— de todo lo que aprendiste conmigo, ingrata.

—Pásame la factura bien detallada, y yo te pasaré otra por daños y perjuicios —dijo Elvira—. Las personas se relacionan, las gratitudes no se exigen, se dan o no. Es la realidad.

—¡Perjuicios! —dijo don Afonso, retador—. Me lo debes todo.

—Mal negocio, ese de suplantar una religión por un mesías de gabinete. ¡Cristo de gabinete! Ni me llega el original ni la copia. Como observo, estás perfectamente, me vuelvo.

—Esto es una despedida —dijo don Afonso—.

—No hay que exagerar, hombre. Salúdame cuando quieras —dijo Elvira—.

—Ni el alivio de la melancolía me dejas, Elvira.

Elvira, sonriendo a don Afonso, tomó el camino de vuelta a Bragaña.

Maite se acercó nadando a un Armandina debatiéndose entre la inmovilidad y la huida. Cuando ella estuvo cerca, empezó a sentirse el pintor rejuvenecido: su voz iba adquiriendo una gravedad que, junto a una locuacidad nerviosa, contenida por una suerte de milagro, se acompasaba con la sensualidad lozana de Maite. Como por ensalmo, su turbación por la diferencia de edad con la chica había desaparecido.

Sentados después, al margen de la poza, un Armandina desembarazado de cautela, hablaba con Maite de Sabi.

—¿Eres amigo de Sabi? —preguntó Maite—.

—Creo serlo, a pesar de su tacañería —respondió él—.

—Debo de estar equivocada entonces —dijo Maite— . ¿No fue a ti a quien dejó dinero en otra época…?

—El interés no es solo por dinero. Fueron cuatro monedas, o cuatro mil, y se lo agradecí. Me merezco el título de desastre genial.

—Y Sabi es tacaño porque se niega a concederte tal galardón.

—Es, o más bien fue, tacaño por incompetencia —se defendió Armandina—.

—Me cuesta un poco seguir el hilo… ¿En qué fue incompetente?

—En hacerme un caso excesivo.

—¿Fue una decisión premeditada?

—No, le salió natural. Por eso lo considero amigo. Mal que le pese.

—O sea, que tú fuiste algo así como un oscuro objeto del deseo, ¿no?

—Sí, pero sin deseo sexual.

—Pues si no había nada sexual, ¿qué era?

—Quería conocerse a sí mismo, viéndome a mí. Pero salí rana en muchas cosas. En los sablazos, de acuerdo, aunque en eso me considero persona ecuánime: se cuentan por decenas mis hazañas en aquella época, con similar *modus operandi*. Sabi es un cabrón que se pone frenos. Al ponerse frenos a sí mismo, consigue ser un tacaño de sí mismo para con los demás. Siempre encuentra excusas, justificaciones para ser un sujeto pasivo. Cuando le dé una patada a esa pusilanimidad, vivirá su vida. Siempre se ha dejado influir por el rumor general. En cuanto a su relación conmigo, siempre dudaba: no sabía si tenía mi respeto, o no.

—Me haces pensar en una flor, poco a poco sin pétalos. ¿Cómo acabó esa flor?

—Nunca acaba. Siempre será «me quiere, no me quiere», aunque mejor sería decir: «ahora, en la distancia, seguimos con "el me quiere, no me quiere"».

—En la cercanía, ¿lo mataste, o lo ayudaste a vivir?

—Quiero pensar que... pero no, mi yo de aquella época también estaba viviendo... como él. ¿Fue un accidente social, o una bendición? Todo, y nada. «Tanto todo para nada», decía el poeta José Hierro. «Perdidos, pero aún no hemos perdido», acostumbraba a decir. Tengo una certeza: creo que Sabi me ha guindado bastantes cosas, hasta juraría que incluso ahora mismo lo está haciendo.

Maite se quedó un rato en silencio, pensativa. Armandina, absorto con el agua del río, lo respetó. Al poco tiempo, Maite resolvió retomar el diálogo.

—Pues conmigo, le bloqueaba el sexo. Pero la duda ya no era sobre mi opinión hacia él. En el fondo, no se atrevía a follar conmigo. Decía que yo le gustaba y después, le entraba la inseguridad. A saber: miedo al gatillazo, a mi sexualidad, a su cuerpo... Al principio me sentía culpable, y le tomé aprecio, porque es un tipo que aporta, generoso. Pero en el fondo, soy una todo terreno, no eludo obstáculos, pero tampoco me paro.

—¿Y por qué has venido, Maite?

—Porque me preocupo por él. Quería saber cómo se encontraba y si seguía con su lucha. Me fastidia reconocerlo, pero le guardo afecto. Y tú, Armandina, ¿qué se te ha perdido por aquí?

—Para mí es algo trascendental, querida amiga.

—No me gusta lo trascendental.

—Ese algo más trascendental es mi lujo personal. Me lo permitiré, pase lo que pase.

—A ver hombre, concreta —inquirió Maite—.

—Sin prisa, sin prisa. Es mi placer, y solo a él
me debo, querida amiga. ¿Te molesta si te digo
querida, y amiga?

—No, para nada.

—Pues percibo algo al decirlo. Probaré otra
vez: querida amiga.

—No sé a dónde quiere llegar.

—Imaginemos una frase hablada y oída como
un río fluyendo. Pues cuando pronuncio querida
amiga siento como un dique frenando la corriente.

—Ciertamente, no nos conocemos. No somos
ni amigos ni queridos.

—De acuerdo, de acuerdo. Aunque, para ser
amable, no hace falta un vínculo tan fuerte. Me
preguntas por Sabi, y soy cortés al responderte.
Me preguntas —y me halaga—, el porqué de
estar con vosotros. Y ahora soy yo el que pone
un dique. Una explicación no sería nada literaria.

Es, como te dije, mi placer.

Maite, sonriendo, se quedó unos segundos dubitativa. Armandina, notándolo, hizo una última observación:

—Querida amiga, su curiosidad me hace feliz.

Áncora, el mar, y América

Como Armandina se había comportado amablemente con sus amigos, aquella, su última irrupción en sus vidas, bien pudiera ser una despedida. La sorpresa trascendente anunciada a Maite podía ser su muerte.

No era el suicidio un acto venerado por Armandina, tanto Sabi como Chelís lo sabían. Quizás la huida, el aislamiento, como el ermitaño en la montaña. Pero el ermitaño, en ocasiones, recibe visitas: alguien comparte con él un cacho de pan, siempre y cuando se conozca su existencia, su paradero.

En la época en que eran amigos, Armandina estaba enfadado por la falta de interés generalizado en el arte, la literatura. Si no había interés en sus cuadros, salvo como decoración, y si se hablaba de arte por esnobismo, por darse un barniz de persona cultivada, para él no valía la pena seguir. Este pensamiento era un círculo vicioso: no pintaba porque nadie se interesaría, y, al no hacerlo, se sumía en un estado de depresión y desgana. Decía un escritor que siempre se escribe para una o dos personas, y que en el supuesto placer por ser leído por ellas, se basa la energía de escribiente. Si se desea el bien para alguien, se demuestra según las mañas de cada uno: esa es la trascendencia.

Evidentemente, Armandina era consciente. Dejaría su obra al viento, *al vent*, como su admirado Raimon. Quizás sea demasiada exigencia ser comprendido al instante por los demás, ello denota una ansiedad cuyos efectos no van a ser los deseados. El hecho de prestar interés es de agradecer, de forma recíproca al de aquel que muestra su obra. Un Armandina pasional se da en su obra, se ofrece, requiere de una comunión. Pero una obra —una persona— requiere de atención.

No siempre existe el flechazo instantáneo, ni siquiera es lo habitual. Vas a un concierto de música: los músicos vibran, buena parte del público recibe su energía y la devuelve con su calor. Pero esto no es de casualidad, requiere de un conocimiento del grupo, de sus letras, cuando menos, una familiaridad con estilos de música. Se puede objetar, por supuesto, la existencia del flechazo, pero un flechazo de amor, por ejemplo, tampoco es casual, *Freud dixit*.

«¿Dónde estás, gitano, canalla?». Se preguntaban Sabi y Chelís. Y entre los dos barajaban varias posibilidades.

Por un lado, Armandina afirmaba —y quizás era una *boutade*—, querer pasar sus últimos días en un lugar donde el mar golpeara con fuerza. Ese lugar podría ser Praia de Áncora.

Allí no vería el rayo verde, como en las islas Cíes. Se había pasado un verano subiendo a la Silla de la Reina, observando atardecer tras atardecer, hasta conseguir verlo. A Armandina le había emocionado aquella visión, pero no hasta el punto de hacer coincidir su muerte con ella.

En Áncora, en el invierno literario de su vida, se veía esperando los trenes de olas, aprendiendo de memoria los desniveles del fondo costero: según las altitudes de la ola, los distintos rompientes, la espuma, las ondulaciones en la arena, los reflejos del sol.

Pero algo no encajaba con esa determinación: Armandina, el perdedor. Pero un perdedor que jamás eludiría sus placeres: el conocimiento, el pensamiento, el arte, la poesía, pues no se sentía de vuelta de todo, le quedaba todo por hacer. Se decía hombre de convicciones, heredadas, aprendidas e interiorizadas.

Por supuesto, también desmanteladas, una y otra vez.

El enigma se resolvió gracias al interés de Sabi por Braga. Habían pasado ya unos 15 años desde su primera visita con Chelís. Después de aparcar el coche, se habían dirigido al centro de la ciudad. Era un día gris, no había mucha animación por las calles y ambos tenían resaca. Apenas la visitaron una hora. Sin embargo, debido a visitas posteriores, Sabi poco a poco fue tomando afecto a Braga: a sus ruinas romanas, sus cafés y bibliotecas, los conciertos y el Teatro Circo…

Un amigo de Sabi, sabedor de ello, le trajo una revista de Braga, «Rúa, a túa rúa, a túa revista»

Y, en su interior, se entrevistaba a un nuevo morador de la villa, el doctor Xoan Castro de la

Armandina.

«—¿Cómo llegó usted a Braga?

—Me gusta decir que llegué a Braga entrando por la puerta de La sinagoga, y es bastante cierto.

—Esa frase merece una explicación.

—Cierto, encantado de ofrecerla, muchas gracias. Hará unos cuatro meses vine a esta ciudad con la buena excusa de asistir a un concierto de la Orquesta Joven Gulbenkian. Este tendría lugar a media tarde, y me quedaban muchas horas libres hasta entonces. En un folleto solitario del hostal se hablaba de la antigua sinagoga de Braga, de su emplazamiento y de la conservación de su arco de entrada. Disfruté callejeando y dando vueltas, pero también me sentí frustrado, pues en el lugar donde se suponía que estaría la puerta había un edificio: el de la Biblioteca «Lúcio Craveiro Da Silva».

—¿Y no se le ocurrió entrar?

—Sí, por supuesto, y le pregunté a un bibliotecario si sabía algo, pero quizás no me explique bien, pues dijo no saber nada. Así que di un par de vueltas a la manzana, a ver si veía algo, pero volvía a caer en la biblioteca. Podría decirse: «con la biblioteca hemos dado, Armandina». Volví a entrar, y me tomé un café.

—Si no está acostumbrado al café tal y como lo hacemos aquí, pudo terminar usted delirando con la puerta…

—Cierto, cierto. Pero en ese momento se encontraba otra persona tomando algo en la barra: mi ahora amiga licenciada Deolinda Dinís.

Aquel día, al instante de vernos, la abordé con la cuestión, Deolinda me dijo que la siguiera, abrió una sala acristalada contigua a la biblioteca y…. la puerta, ahí estaba, solitaria. Después, le pregunté si podía dibujar la puerta, pues en ella había inscripciones interesantes.

—Y de ahí surgió la serie de pinturas ahora expuesta en el café «A Brasileira».

—Bueno, empezó ahí, pero ocurrieron situaciones importantes entre la puerta de la sinagoga y la serie. Para ella, partiendo de la inscripción en la puerta, realizamos variaciones imaginativas en la residencia en la que trabajo.

—¿Cómo entró en la residencia?

—Gracias a nuestra amiga licenciada. Sabía del interés de la dirección de la residencia de discapacitados Bon Jesus en hacerse con la ayuda de un maestro de pintura. Me lo propuso, hicimos una primera experiencia, fue poco a poco cuajando, y de ahí llegamos a la obra expuesta en el café «A Brasileira»

—La cual está siendo un éxito.

—Hemos hecho un gran trabajo de artesanía. Revolucionario, pues tendremos más medios para seguir trabajando.

—Aun siendo una obra coral, se aprecia la mano de un hombre experto.

—He disfrutado coordinando, no me quito méritos, me alegra haber contribuido decisivamente.

—¿Suele usted visitar Porto?

—Los viernes, voy a pasear.

—Dicen que va usted a pasear con un gato enorme…

—Ese es mi amigo Pintos, disfrazado de Popota. Buen rapaz. Solemos sentarnos delante del consulado ruso.

—¿Por qué razón?

—Estamos esperando que salga alguien del consulado a hablar con nosotros. Para comprobar si es verdad ese tópico de que los rusos aman la literatura, aunque ahora estén matando a los compatriotas del creador de Popota.

—Deduzco que, de momento no hay avances…

—En el tercer piso, una persona se asomó a un balcón y nos saludó con la mano. Tenemos puestas nuestras esperanzas en ella.

—¿Qué le diríais?

—Nada.

—Hay otra información, no sabemos si es cierta: antes de venir a Braga, nuestro corresponsal en Praia de Áncora creyó haberle visto deambulando por allí… digamos que rozando la indigencia. Espero me disculpe el comentario, no pretendo ser indiscreto.

—Es cierto. Había tomado una determinación. Solía lanzar una *boutade*: afirmaba querer morir en un lugar donde el mar golpeara con bravura: Praia de Áncora. Esa *boutade*, en los últimos tiempos, se había transformado en una afirmación responsable.

—Sin embargo, aquí está…

—Sí, llegué aquí guiado por una imagen y una voz. Después encontré la puerta de la sinagoga.

—Una historia dentro de otra historia…

—La imagen de una mujer, en un río donde el agua caía con fuerza. La voz de otra mujer, cuando bailábamos por una carambola imposible, cantando sin mirarme... ellas me salvaron, no pude negarme a ese derroche de sensualidad. Fueron mi compañía de vagabundo en Praia de Áncora, la cera cerrando mis oídos a la muerte».

Hasta aquí llegaba la entrevista. Sabi y Chelís la habían leído.

—Lo salvó una monja —dijo Sabi—.

—No entiendo.

—Maite me lo dijo: estuvieron juntos en el río de Bragaña.

—Se dejó salvar. ¿Te dejarás tú, bravo como eres?

—¿Te dejarás tú, *tojo* como eres?

—¿Estará nuestra historia escrita desde siempre?

—Será mejor hacer algo.

—Sí, hagamos algo.

www.ingramcontent.com/pod-product-compliance
Lightning Source LLC
LaVergne TN
LVHW091456170726
843492LV00001B/203